Eva Helen

Leif –

Leben ohne Ende

Bibliografische Information der Deutschen Nationalbibliothek:
Die Deutsche Nationalbibliothek verzeichnet diese Publikation in der
Deutschen Nationalbibliografie;
detaillierte bibliografische Daten sind im Internet über
http://dnb.d-nb.de abrufbar.

© 2013 Eva Helen
Foto/ Buchdeckel : J.Bonni Rodriguez
Satz, Umschlaggestaltung, Herstellung und Verlag:
BoD – Books on Demand
ISBN: 978-3-7322-1424-2

Dieses Buch widme ich meinen Kindern,

Judith, Nora und Erik,

meiner Familie

*sowie allen Vätern, Müttern, Geschwistern,
Großeltern und trauernden Angehörigen eines verstorbenen
Kindes
sowie allen anderen geliebten
Hinübergegangenen*

»Leif«

(* 09.09.1981 / † 28.10.1999)

From Leif, a name of Norse origin,
meaning beloved.
Fortunate are those who know and love him.
Works hard and plays hard.
Happy to enjoy the simple pleasures of life.
Shows his love by his words and thoughtfulness.
His happiness is appreciated by others.
Recognizes that change is necessary to progress.
He enjoys each passing moment of life's journey.
(Aus Irland)

*

– 1 –

Am 22. Oktober 1999 verließ unser ältester Sohn, Leif, gegen 19 Uhr unser Haus und unser Leben ...

Er war gerade volljährig (seit sechs Wochen) und ein ganz normaler junger Mann mit seinen Wünschen, Vorstellungen und Problemen, die man in dem Alter so hat. Ich sehe ihn noch genau in der Küche stehen: schwarze Hose, dicke schwarze »Pilotenjacke«, und er sagte: »Mama, jetzt muss ich aber los, sonst verpass ich noch den Bus.« Und ich wünschte ihm viel Spaß. Er wollte zu seiner Schule fahren, um dort mit Schulkameraden Vorbereitungen zur alljährlichen Nikolausfeier zu treffen. Dieser Aufgabe widmeten sich immer die Schüler der Abiturskassen, zu denen nun auch Leif gehörte.

Wir wohnen in einer Kleinstadt in Ostbelgien, landschaftlich schönster Teil Belgiens.

Dort werden noch viele Sitten und Gebräuche gepflegt und es gibt eben immer wieder Grund zum Feiern.

Vor 20 Jahren war ich mit meinem damalig gerade sechsjährigen Leif und seiner zweijährigen Halbschwester Judith von der deutschen Grenze zu meinem jetzigen Mann, einem Landwirt, gezogen.

Dort bauten wir gemeinsam ein Leben und einen neuen Bauernhof auf. Er war genau der Partner, der zu dieser Zeit zu uns ins Leben kommen sollte. Auch er wollte eine Familie, die ich mir vergeblich mit den anderen Männern gewünscht hatte, und nahm meine beiden Kinder sofort liebevollst an. Es war auch eine große Liebe, und so waren wir uns schnell einig, die Familie mit noch zwei Kindern (so Gott wollte ...) zu vergrößern ...

Ich hatte meinen Beruf als Kindergärtnerin aufgegeben, denn bald kamen unsere beiden Wunschkinder, Nora und Erik. Für meinen Mann und mich war beschlossen, dass ich mich der Erziehung unserer vier Kinder selber widmen wollte.

Leif hatte in seiner jungen Kindheit schon viel mit mir durchgemacht: eine traumatische Trennung im Alter von zwei Jahren von einem jungen Vater. Ich selber war eine junge Mutter von gerade mal 21 Jahren, die mit der Tatsache, alleinerziehend zu sein, ziemlich überfordert war. (Aber von Anfang an wollte ich dieses Kind!) Dann, noch einmal vier Jahre später, die nächste Trennung von meinem ersten Ehemann. Dementsprechend wurde Leif in Kindergarten und Schule als ein nervöses und oft aggressives Kind bemerkt.

Leif verbrachte die schönsten und letzten zwölf Jahre seines Lebens mit seinen Geschwistern im Schoße dieser Familie und das straff geregelte Leben mit den kleinen Verpflichtungen, auf dem Hof zu helfen, gaben seiner empfindlichen Seele und heftigen Persönlichkeit einen unschätzbaren Halt. Die Umstände ließen es auch zu, dass mein Mann Leif rechtmäßig adoptieren konnte und für ihn eine starke Vaterrolle einnahm, die er so dringend brauchte. Heute weiß ich, dass all dies schon ein Teil unseres gemeinsamen »Spiels« im Leben war und dass alles ein einziges, aber gemeinsames, wunderbares Erschaffen im ewigen universellen Kreislauf ist, dem wir alle für immer und ewig angehören und für immer miteinander verbunden sind.

*

Laut krachend fiel die Tür in der Küche ins Schloss. Meine Tochter Judith und ich sahen uns eine Sendung im Fernsehen an. Es war etwa acht Uhr abends. Mein Mann stand mitten in der Küche in Arbeitskleidung, mit einem Ausdruck unfassbarer Gelähmtheit im Gesicht.

Er sagte: »Ich habe gerade einen Anruf bekommen, Leif hat einen Autounfall gehabt ...!«

Bruchteile von Sekunden hatte ich eine Leere im Kopf und eine seltsame Ruhe überkam mich.

Ich dachte: »Okay, bleib ruhig, erst hören, ob es schlimm ist.«

»Wer hat dich angerufen?«, fragte ich.

»Die Mutter von Sebastian. Sie sagte nur, dass ihr Sohn mit seinem Auto einen Unfall gehabt hat und Leif, der mit im Wagen war, Verletzungen am Kopf hat. Ein Krankenwagen hat ihn sofort ins Krankenhaus gebracht.«

Meine Gedanken überschlugen sich nun. Leif im Auto? Wollte er nicht mit dem Bus fahren?

Ich spürte, dass mein Atem auf einmal stoßweise und heftig kam, wie nach einem anstrengenden Sprint, und Panik kam in mir hoch. Judith stand mit großen fragenden Augen hinter mir. Mein Mann sagte, dass der Unfall sich am Bahnübergang der nächsten Kleinstadt ereignet hatte. Dort hatte der Fahrer wohl die Kontrolle über das Fahrzeug verloren, das sich auf der Straße komplett einmal um die eigene Achse gedreht hatte, und dann war der Wagen quer über die Straße eine rechte Böschung hinuntergeschossen und zwischen zwei Bäumen förmlich eingequetscht worden.

»Lass uns sofort zum Krankenhaus fahren!«, sagte ich.

In Sekundenschnelle informierte mein Mann seine Mutter, die den Stalldienst beenden kommen sollte, und Judith sollte ihre Geschwister beaufsichtigen, die zurzeit schon oben in ihrem Zimmer waren.

Wir fuhren hinunter zur Kleinstadt. Ab diesem Moment begann das Gefühl des Albtraums, aus dem du nicht erwachen kannst. Du bist im falschen Film. Nein, das kann nicht real sein. Irgendwo in deinem Kopf ist eine Art Notaggregat eingeschaltet, das dich noch den Wagen lenken und die Straße wahrnehmen lässt.

Als wir uns dem Bahnübergang näherten, sahen wir schon von weitem Polizei und Blaulicht, langsam fuhren wir an der Unfallstelle vorbei.

Wir sahen den kleinen Wagen zwischen den Bäumen hängen und augenblicklich begann mein Mann zu schreien, wie ein schwer verwundetes Tier. Er war völlig außer sich.

»Bitte beruhige dich«, rief ich, »sonst machen wir auch noch einen Unfall! Lass mich fahren!« Er fasste sich und wir erreichten das Krankenhaus. Vor dem Eingang trafen wir sofort die Mutter des Fahrers. Sie berichtete uns auf unser Fragen hin, dass Leif zum Sportplatz transportiert wurde, wo ein Hubschrauber landen und ihn zur Uniklinik in die nächstgrößere Stadt fliegen sollte. Ihr Sohn und zwei andere Freunde, die noch mit im Auto gewesen waren, hatten schon eine Untersuchung im Krankenhaus gehabt und wurden mit leichten Gehirnerschütterungen entlassen. Leif hatte vorn als Beifahrer angeschnallt gesessen.

Wir liefen zur Notaufnahme, wo alsbald ein Notarzt, der Leif an der Unfallstelle behandelt hatte, erschien und uns seine Eindrücke schildern konnte.

Er sagte, als er die Beifahrertüre des Wagens öffnete, habe er Leif angesprochen und er habe noch einen Augenblick reagiert, aber dann sei sein Blick so plötzlich gebrochen und er sei bewusstlos geworden. Dies war für den Notarzt ein sicheres Zeichen gewesen, dass Leif innere Kopfverletzungen erlitten hatte, sodass man ihn sofort zu einer Notoperation fortbringen musste. In diesem Moment glaubte ich immer noch, dass es sich um einen Irrtum handeln könnte und es nicht Leif sei, von dem dort die Rede war. Dann aber überreichte uns der Arzt eine kleine Tüte mit den privaten Dingen des Unfallopfers. Darin erkannte ich Leifs Uhr mit dem orangefarbenen Armband und seine Brieftasche.

Ein Gefühl von unendlicher Schwäche und starke Übelkeit überfielen mich. Mein Mann weinte leise. Eine Krankenschwester brachte uns beiden ein Beruhigungsmittel. Natürlich wollten wir sofort zum Krankenhaus, wo Leif jetzt im OP lag. Ich spürte aber, dass keiner von uns beiden in der Lage gewesen wäre, die 50 km lange Fahrt dorthin zu bewältigen. Ich schlug vor, Renaud, einen sehr guten Freund von uns, anzurufen, ob er uns fahren könne.

Er war sehr schnell da und wir fuhren zum Krankenhaus.

Während der Fahrt klammerte ich mich an die Hoffnung, dass es nicht so schlimm sei und die Ärzte Leif gut helfen würden; ich verdrängte jeden gegenteiligen Gedanken.

Es war mittlerweile gegen Mitternacht und es folgten drei oder vier furchtbare Stunden des Wartens, wie lange, weiß ich nicht mehr.

Wir lagen auf Sitzbänken in einer größeren Halle des gespenstig leeren Krankenhauses, das nur von außen, durch die großen Fenster hereinfallenden Lichter der Stadt ein wenig erhellt wurde, und versuchten zu schlafen. Irgendwann musste ich aufstehen und nach draußen gehen.

Ein Gefühl hysterischer Revolte überfiel mich und ich weinte heftig. Dies war auch das erste Mal, dass sich mein »inneres Wissen«, wie ich es nennen möchte, meldete. Ich spürte, dass Leif nicht mehr lebend in ein Leben, wie wir es bisher gemeinsam verbracht hatten, zurückkehren würde. In tiefster Verzweiflung starrte ich in den Nachthimmel und die Worte pressten sich aus mir heraus: »Wenn es das ist, was geschehen soll, so soll dein Wille geschehen!« Gleichzeitig verspürte ich aber dieses Gefühl von Ungerechtigkeit und dass ich an einen solchen Gott nicht glaube, der mir mein Kind wegnimmt. Nichts passte, aber irgendwie wusste ich, dass es sich hier und jetzt vollendete, Leifs irdisches Schicksal besiegelt wurde, nach einem schon lange vorher in einer anderen Dimension getroffenen Abkommen, an dem ich und wir alle aus unserer Familie teilhatten. Aber die Puzzleteile waren noch lange nicht zusammengesetzt. Mein Sein wurde von diesem riesigen Schmerz beherrscht ...

Irgendwann kam der Arzt aus dem OP. Ich vergesse nie, was er sagte: »Es sieht nicht gut aus. Wir mussten die Schädeldecke öffnen, weil das Gehirn angeschwollen war und dagegendrückte. Die linke Hirnhälfte Ihres Sohnes ist sehr stark beschädigt worden. Wir mussten eine kleine Partie wegschneiden.«

Auf unsere Frage, was das bedeutet, erklärte der Arzt, dass man nun ein paar Tage abwarten müsse, es würden dann Tests am Gehirn gemacht, was und wie noch funktioniert. Leif sei im künstlichen Koma und werde beatmet.

Noch konnte der Arzt nichts dazu sagen, ob Leif überhaupt überleben würde. Ich wusste in diesem Moment nur eines: Leif sollte nicht vielleicht völlig behindert und gelähmt einen Rest von Leben in einem Rollstuhl verbringen. Das hätte er nie gewollt. Ich betete schon von diesem Augenblick an inbrünstig, dass es dazu nicht kommen sollte.

Völlig erschöpft fuhren wir erst mal nach Hause, um ein paar Stunden zu schlafen. Wir sollten Leif dann am nächsten Tag zum ersten Mal besuchen.

Morgens beim Erwachen packte uns der Horror mit voller Wucht: **Leif hat einen schweren Unfall gehabt und liegt im Koma im Krankenhaus!** Ich rief als Erstes meine Mutter an und konnte nur mit großer Anstrengung die Hysterie unterdrücken, als ich ihr mitteilte:»Mum, Leif ist gestern Abend mit einem Freund im Auto verunglückt und schwer am Kopf verletzt worden, die linke Hirnhälfte ist betroffen ... Bete, dass er das nicht schwer behindert überlebt.«

Meine Mutter konnte nur »Oh nein« und »Oh mein Gott!« hervorbringen. Wir einigten uns darauf, dass sie nachmittags mit ihrem Mann käme, weil wir schon bald zum Krankenhaus aufbrechen wollten. Ich informierte auch meine engsten Freundinnen, und das Entsetzen breitete sich aus, wie auch im Dorf und Umgebung, wo die Nachricht wie ein Lauffeuer umgegangen war.

Ich erinnere mich nur vage daran, dass Judith, gerade vierzehnjährig, nach den ersten Informationen am Morgen sofort bitterlich weinte, umringt von betroffenen Freundinnen, die herbeigeeilt waren. Erik und Nora waren damals sieben und neun Jahre alt. Ich wollte es ihnen schonend beibringen und sagte nur, dass Leif jetzt im Krankenhaus sei und wir erst mal nur mit der großen Schwester dorthin fahren würden. Wir wollten den beiden den Anblick des frisch operierten Bruders, der mit Sicherheit an Kabeln und etlichen Geräten lag, ersparen.

Leif lag auf der Intensivstation in einem großen Zimmer. Als wir eintraten, erkannten wir ihn beim ersten Hinsehen kaum, so sehr waren sein Hals und Gesicht vom Cortison angeschwollen. Wie erwartet lag er am Beatmungsgerät unter unzähligen Kabeln. Der Kopf war fein säuberlich weiß bandagiert und nur ein dünnes Tuch bedeckte den Unterbauch bis zu den Knien seines sonst nackten Körpers. Leif lag dort wie eine griechische Statue. Sein sportlicher, durchtrainierter Körper hatte keine Schramme, ebenso wenig wie sein Gesicht, und man hätte vergessen können, dass er im Augenblick zwischen Leben und Tod schwebte; dies machte die Situation umso bizarrer und unrealistischer.

Es war ein Schock für uns, unseren geliebten Sohn und Bruder dort liegen zu sehen.

Genau aber in dem Moment, als ich Leif erblickte, erlebte ich diese neue Form von Bewusstseinserweiterung, wie ich es vorerst bezeichnen möchte, eine Information, die aus einer anderen Ebene zu mir kam, eine Art Stimme im Kopf, anders als ein Gedanke.

Gleichzeitig spürte ich diese absolute Gewissheit, ein Wissen aus dem innersten Bauch heraus, und die Stimme sagte: »Wir werden niemals getrennt sein!«, und es war, als würde etwas von meinem Sohn direkt in mich, genau in die Mitte der Brust, übergehen. Eine lebendige Energie, die sich in mir einnistete.

Dann hörte ich seine Stimme in meinem Kopf: »Mama, lass

dich nicht gehen, kümmere dich um meine Geschwister!« Ich fühlte mich in diesem schweren Augenblick sehr stark verbunden mit Leif und dieses Gefühl verließ mich auch in der gesamten folgenden Zeit nicht mehr. Hilflos standen mein Mann, meine Tochter und ich vor dem Bett und konnten dieses furchtbare Bild des regungslosen jungen Mannes, die grausame Stille, die auch das Piepsen der Herztöne nicht unterbrechen konnte, nur ertragen.

Ein erstes Gespräch mit dem Arzt brachte die Erkenntnis, dass Leif während des Aufpralls des Wagen mit dem Kopf gegen das Lenkrad geschleudert worden war. Nun sollten in den nächsten Tagen Hirntests gemacht werden, um zu prüfen, was das Gehirn selber an Regeneration noch vollbringen würde.

Die Prognose war allerdings sehr schlecht. Leif hatte wenig Überlebenschancen.

Ich fragte den Arzt, welche Lebensqualität Leif zu erwarten hätte, wenn er dennoch in eine stabile Körperfunktion überginge.

Er sagte, Leif würde mit großer Wahrscheinlichkeit niemanden erkennen und bestenfalls in einem vegetativen Zustand leben. Diese Möglichkeit versetzte mich schlichtweg in Panik. Das wäre kein Leben, um das wir in Leifs Interesse kämpfen wollten. Er hätte mit Sicherheit gesagt: »Erspart mir das!«

So fragten wir den Arzt, ob die Situation ein späteres Abschalten der Geräte erfordern könne. Dies bejahte er; sobald alle Hirntests gemacht seien und keine Verbesserungen stattgefunden hätten, könne Leif ohnehin auch ohne Beatmungsgerät nicht aus eigener Kraft überleben.

Noch heute, nach zehn Jahren, dass Leif von uns gegangen ist, wundere ich mich wieder, wie wir diese surreal anmutenden Gespräche überhaupt ertragen haben.

Ich erinnere mich an eine Stelle in einem der ersten Bücher, die ich nach Leifs »Tod« las: »Es ist, wie wenn du dich an den Uferrand des Flusses, der Leben heißt, gesetzt hast und alles fließt an dir vorüber, ohne dass du es auch nur bemerkst. Es dauert oft sehr lange, bis du dich wieder in diesen Fluss hineingibst.«

Alles wirkt unrealistisch und zum Teil unangebracht: der Straßenverkehr, Leute, die sich unterhalten, lachen, essen, Musik im Radio (gar nicht zu ertragen). Ich konnte ohnehin tagelang kaum etwas essen und nahm in einer Woche sieben Kilo ab. Man besteht nur noch aus Schmerz. Aber Leif hatte mich gebeten, dass ich mich weiter um meine anderen Kinder kümmere. Das tat ich auch, denn auch ich war und bin immer der Meinung, dass die anderen Kinder einer betroffenen Familie gerade in dieser schweren Zeit Halt und Unterstützung von den Eltern brauchen sowie ein gewisses Maß an Normalität. Während dieser Zeit ließen wir unsere Kinder auch oft zu Freunden gehen, wann immer sie wollten.

Mein Mann hatte den Betrieb und die Tiere zu versorgen und versuchte dort, seinen Schmerz ein wenig zu verdrängen, denn er hat in der gesamten Zeit und noch bis heute sehr gelitten. Uralte Schmerzen sind mit Sicherheit bei ihm aufgewühlt worden. Als Zweijähriger verlor er seinen Vater bei einem tragischen Unfall auf dem Hof. Aber jeder Mensch geht anders mit solch einem furchtbaren Schmerz und Verlust um, so wie er kann. Niemals sollte man jemanden verurteilen, der sich in seinem Schmerz nur zurückziehen kann. Ich habe Mütter, Väter kennengelernt, die den Verlust eines Kindes niemals überwunden haben. Sie führen ein Leben in stiller Verzweiflung.

Doch ich konnte zutiefst Kraft aus der Gewissheit ziehen, dass Leif (niemand, der verstirbt) jemals gewollt hätte, dass wir im Leben keine Freude, ja kein eigenes Leben mehr danach haben.

Dies sollte sich in meinen späteren spirituellen und esoterischen Lektüren mannigfach bestätigen.

Als wir wieder zu Hause ankamen, warteten meine Mutter und ihr Mann, meine beste Freundin mit ihrem Mann und die übrige Familie auf uns. Große Bestürzung und Verzweiflung breitete sich nach unseren ersten Informationen unter allen Anwesenden aus.

Sie versuchten uns zu unterstützen und zu trösten, Mut machende Worte zu finden, dass das Gehirn sehr regenerationsfähig sei und es schon »Wunder« bei ähnlichen Fällen von Unfallopfern mit Kopfverletzungen gegeben habe. Schon ab diesem Moment teilte ich allen mit fester Gewissheit mit, dass Leif nicht mehr zu uns nach Hause zurückkehren würde.

Es war keine Form von Resignation, es war dieses neue Wissen, das sich meiner bemächtigt hatte, auch wenn es mir vor seelischem Schmerz fast den Verstand raubte.

Die folgenden fünf Tage gehören in meiner Erinnerung zu den unrealistischsten und schmerzhaftesten meines bisherigen Lebens sowie mit Sicherheit auch für den Rest der Familie. Täglich waren wir von Angehörigen oder den einen oder anderen Freunden umgeben, gerade so, wie jeder es von seinem Alltag abhängig organisieren konnte. Es war eine Zeit, in der man psychisch und körperlich an seine Grenzen des Ertragbaren kommt. Irgendetwas schaltet dann auch auf »Notversorgung«. Man isst, schläft, arbeitet, tut profane Dinge, an die man sich aber auch hinterher nicht mehr erinnern kann.

Leif blieb im Koma, Gehirntests bewiesen keine Verbesserung seines Zustands und unsere täglichen Besuche im Krankenhaus waren eine große Qual. Für mich bedeutete es nur das Warten auf den schlimmsten Moment, wenn der Arzt uns mitteilen würde, dass sie aus medizinischer Sicht die Gewissheit und Befugnis hätten, die Geräte abzuschalten.

Während unserer Anwesenheit bei Leif hatte ich mich bisher emotional immer sehr beherrscht. Ich war überzeugt, dass Leif auf einer anderen Ebene sehr genau wahrnehmen und vielleicht hören konnte, was wir fühlten und sprachen. So wollte ich ihn nicht noch mit unserem Schmerz belasten. Aber an einem der letzten Tage bat ich meinen Mann, mich vor dem Verlassen des Krankenzimmers noch einen Moment mit Leif alleine zu lassen.

Ich betrachtete meinen Sohn und setzte mich auf Hüfthöhe neben sein Bett. In all diesen Tagen hatte ich ihn immer nur gesehen, aber nie mehr berührt.

Nun nahm ich seine leblose, kühle Hand in meinen beiden Hände, hielt sie und küsste seine regungslosen Finger. Mein Schmerz kannte keine Grenzen mehr und die Tränen liefen. Ich wusste, dass es die letzten Momente in unserem gemeinsamen irdischen Leben waren, dass ich ihn noch einmal berühren konnte, und diese Leblosigkeit zerriss mir das Herz.

Schon seit einigen Tagen beschäftigte mich das drängende Gefühl, ihm sagen zu müssen, dass er gehen könne, wenn er wolle. All die Tage, die Leif dort schon im Koma lag, bewiesen mir nur ein Zögern seinerseits, weil er uns allen dieses furchtbare Leid seines endgültigen Abschieds nicht zufügen wollte. Auch zu Lebzeiten hatte er immer sehr sensibel auf Differenzen und Spannungen, vor allem mit mir, reagiert und war immer sehr bemüht gewesen, diese schnell zu beseitigen. Leif und ich hatten in den letzten Jahren ein sehr gutes Verhältnis gehabt, konnten stundenlang zusammen erzählen und austauschen.

Jetzt erhob ich mich an seinem Krankenbett, beugte mich nah an sein rechtes Ohr und sagte Worte, die wieder von woanders her zu kommen schienen und die schmerzhaftesten waren, die ich je aussprechen musste: »Leif, wenn du gehen möchtest, dann kannst du es tun. Es ist schön dort drüben und wir werden dich immer lieben.«

Wieso sagte ich das? Ich wusste es damals nicht. Aber heute weiß ich, dass es das Drüben gibt und es wunderschön dort ist und dass es Leif gut geht.

– 2 –

An einem dieser folgenden Tage nahm ich dann auch Erik und Nora beiseite und versuchte ihnen mit schonenden Worten die bittere Wahrheit mitzuteilen. Ich sagte ihnen, dass ihr Bruder jetzt noch im Krankenhaus sei und noch lebe, aber dass er wahrscheinlich nicht mehr zu uns nach Hause zurückkomme, dass er aber immer bei uns sein würde, auch wenn wir ihn nicht mehr sehen könnten, und dass sie darüber auch traurig sein und weinen dürften.

Sie taten es – intuitiv ließen sie ihrer großen Traurigkeit freien Lauf, schmiegten sich beide an mich und weinten.

Am Tage des 27. Oktober erhielten wir vom Arzt die entsetzliche Gewissheit und Bestätigung, dass Leif nicht überlebensfähig war und die versorgenden Geräte abgeschaltet werden sollten. Man hatte alle Tests am Gehirn vorgenommen, die sicherstellten, dass es in einem irreparablen Zustand bleiben würde. Sie sollten abends gegen 18 Uhr abgeschaltet werden. Der Gedanke, bei Leif anwesend zu sein, während sie ihn vom irdischen Leben trennten, und vielleicht dabei zusehen zu müssen, wie sein Körper reagierte und ums Überleben kämpfen würde, war für mich unvorstellbar und unerträglich. Ich teilte dies dem Arzt mit und fragte ihn, was passieren würde. Er hatte volles Verständnis für unsere Gefühle und erklärte, dass es in der Tat für uns nicht einfach sein könne, während dieser Prozedur dabei zu sein. Er versicherte, dass Leif in keinster Weise leiden würde, dass man dem Gehirn zusätzliche Mittel zufügen würde, um es absolut ruhigzustellen, und dass Leif nicht allein gelassen sei.

Ich weiß nicht mehr, wann und wie wir das Krankenhaus verlassen haben. Wir entschlossen uns, auf dem Heimweg kurz vor Erreichen unserer kleinen Stadt von der Autobahn abzufahren, um bei einer kleinen Kirche anzuhalten. Es war ein trüber und kühler Tag, es hatte immer wieder geregnet, wir waren stumpf und still von diesem bohrenden Schmerz, der uns für die nächsten Wochen nicht mehr verlassen sollte ... Da fiel mein Blick nach links in den Himmel über der Landschaft und ein doppelter, farbenkräftiger Regenbogen zog mich in seinen Bann. Im tiefsten Innern wusste mein Herz sofort, dass es ein letzter Gruß von Leif war, dass es aber auch schon ein sicheres Versprechen dieser ewigen Verbindung sein sollte, die immer zwischen uns als Familie und allem Lebendigen und unserem Schöpfer bestehen würde.

Dies war das erste von bis heute nicht endenden, mehr oder weniger großen und kleinen, zum Teil atemberaubenden Zeichen und Wundern von der Präsenz und »Lebendigkeit« unseres Sohnes. Es erzählt wie ein Märchen, das schönste, das es je gab und das vom Leben selbst geschrieben wird. Davon will ich berichten ...

*

Wir hatten uns in der völlig leeren Kapelle in eine vordere Bank gesetzt und versuchten still, jeder für sich, das Unfassbare zu ertragen. Jeden Moment sollten im Krankenhaus die lebenserhaltenden Maßnahmen für Leif abgestellt werden, und in der Atmosphäre der Kirche wollten wir gedanklich bei ihm sein. Ich weiß nicht, was mein Mann in diesem Moment durchmachte, ob er betete oder sein Kopf so leer war wie meiner, ich erinnere mich kaum, nur dass dieser physisch fühlbare Schmerz vorherrschend war und das ganze Sein erfasste und einen in einen Zustand der Unwirklichkeit versetzte.

Man lebt weiter, von Atemzug zu Atemzug, aber alles andere fasst der Verstand nicht wirklich und wieder einmal schaltet sich dieses System der Notfunktionen ein. Irgendwann standen wir auf, um nach Hause zu fahren und um uns um den Rest der Familie zu kümmern.

In dieser Nacht nahm uns der Schlaf in seiner unendlichen Gnade zeitweise in seine Obhut. Der eigentliche Zustand ist schwer zu beschreiben: Der dumpfe Schmerz in meiner Brust, so schwer wie ein riesiger Klotz Blei, löste sich schlagartig wie in einer Explosion in dem Moment, als mein Mann morgens gegen acht Uhr des 28. Oktober ins Schlafzimmer kam und mir sagte, dass sie gerade vom Krankenhaus angerufen hatten, um Leifs Versterben mitzuteilen.

In diesem Moment spürte ich nur eine tiefe Erleichterung, dass unser Sohn »es geschafft« hatte.

Nach dieser endgültigen Tatsache brach Leifs Schwester Judith zunächst einmal vollständig zusammen und lag in den nächsten Tagen nur noch weinend oder völlig apathisch im Sofa zusammengerollt da. Die jüngeren Geschwister konnten offensichtlich die Situation in ihrer Tragik noch nicht ganz begreifen, was sich zum Schutz ihrer kleinen Seelen bewährte. Judiths Zustand beunruhigte und schmerzte mich sehr. Man ist hilflos und spürt, dass man den anderen nicht trösten kann. Ich versuchte Judith aber klarzumachen, dass wir zusammenhalten und uns stützen würden und dass nichts und nirgendwer Leif wieder zu uns zurückbringen könne. Ich sei aber überzeugt, dass er jetzt und immer bei uns sein würde und speziell bei ihr.

Die nächsten Tage waren geprägt von unumgehbaren Aktionen und Tätigkeiten: Die Vorbereitungen zum Begräbnis mussten getroffen und etliche Ämtergänge erledigt werden. Der Bruder meines Mannes hatte sich bereit erklärt, den Bestatter zum Krankenhaus zu begleiten, um Leif dort abzuholen und zur Totenkapelle zu überführen. Dazu hatte ich Kleidung von Leif aussuchen müssen, da er komplett angezogen werden sollte, und ich nahm selbstverständlich Teile, die immer zu seinen Lieblingsstücken gehört hatten.

Die Schule musste informiert werden, der Direktor hatte während Leifs Aufenthalt im Krankenhaus schon mit uns Kontakt aufgenommen, und wir erfuhren von der katastrophalen Stimmung unter den Klassenkameraden, da niemand wusste, ob Leif überleben würde.

All diese Dinge, die getan werden mussten, hielten uns vorerst und weiterhin in diesem Zustand der Unwirklichkeit und des unterdrückten Schmerzes. Ich musste all meine Kraft zusammennehmen, um mich auf die Gestaltung der Todesanzeige und eines Totenkärtchens zu konzentrieren. Es sollte ein persönlicher letzter Gruß sein, der auch Leifs Wesen erfasste. Auf das Deckblatt des Faltkärtchens sollte das letzte aktuelle Foto von ihm kopiert werden, und ich erinnere mich an den Moment, als Leif ungefähr zwei Wochen vor dem Unfall zu mir kam und mir stolz die Fotomappe überreichte, die jedes Jahr für die Abiturienten erstellt wurde: Ein Porträt von jedem Schüler und ein Gruppenbild von allen Schulabgängern. Sein Bild war wunderschön, ein junger Mann mit einem entspannten Lächeln, so wie es auf anderen Bildern eher selten der Fall war. Spontan sagte ich: »Ooh, das ist aber schön!«, und im gleichen Augenblick erfasste mich ein grauenhaftes Gefühl, eine dunkle Ahnung, eine Art Blitzvision, als sähe ich das Foto einer Todesanzeige …

Es war vielleicht nur der Bruchteil einer Sekunde, aber das gleiche Phänomen ereignete sich einige Tage später, als ich anlässlich eines Gesprächs mit einem Berufskollegen meines Mannes an der Tür über unsere Kinder sprach und ich ihm das Foto von Leif zeigte, weil der Mann sich nicht mehr gut an ihn erinnerte. Wieder erfasste mich dieses dustere Grauen, das wie mit eiskalter Hand meinen Brustkorb zusammenpresste, und ich fegte es aus meinem Bewusstsein.

Heute weiß ich, dass auch dieses Empfinden schon Teil meines »universellen Wissens« war. Auf tiefster Ebene wusste ich schon, was kommen würde.

Eine unglaubliche Solidarität der Bewohner und vor allem der gesamten Jugend unseres Dorfes begleitete in den folgenden Tagen unsere Vorbereitungen für die Beerdigung.

Der schneeweiße Sarg, in dem Leif ruhte, stand während zwei oder drei Tagen aufgebahrt, umringt von Kränzen und einem Blumenmeer in der kleinen Totenkapelle im Dorf. Dort sollten all die zahlreichen Freunde und Leute, die noch einmal zu ihm gehen wollten, die Möglichkeit haben. Jemand hatte auch ein wunderschönes kleines Buch dort platziert, worin die jungen Leute einen letzten Gruß an Leif hineinschreiben konnten.

Einmal bin ich in diese Kapelle gegangen, aber dort konnte ich den Anblick des Sarges und die Inschriften der Kranzbänder nicht ertragen und verließ nach einigen Minuten völlig aufgelöst die Kapelle. Zu stark war dort die Atmosphäre der Trauer und der Endgültigkeit. Es fehlte jegliche Energie der Hoffnung und die Realität des Verlustes war zu überwältigend.

Ich wagte einen Blick in dieses kleine Buch. Hier wieder wurde ich Zeuge, dass auch schon die jungen Leute an ein Weiterleben glauben oder hoffen, ja dieses innere Wissen widerspiegeln.

Sie schrieben:

»*Ich hoffe, dort, wo du nun hingehst, wirst du gut empfangen, lieber Leif. Gute Reise.*«

»*Du bist in die andere Welt gegangen, aber du bist nicht weit, du bist sogar ganz nah ...*«

»*... Geh nun und wache über uns.*«

»*Leif, ich hoffe, wir treffen uns eines Tages dort drüben wieder. Wir haben uns dann sicher viel zu erzählen und wir werden wieder zusammen lachen wie bisher. Bis bald. G.*«

»*Unmöglich, sich vorzustellen, dass du fort bist! Ich habe den Eindruck, dass du nur für eine Weile in Ferien gefahren bist. Du wirst immer da sein ...*«

Es war den jungen Leuten ein Bedürfnis, ihrem Freund Leif eine schöne Abschiedsfeier zu gestalten, und sie baten uns, ihnen Fotos von ihm zur Verfügung zu stellen. Sie wollten ein Plakat für die Messfeier erstellen.

Am Abend vor der Beerdigung sollte diese Abschiedsfeier stattfinden und die gesamte Gestaltung sowie der Ablauf der Messe wurde komplett von einem jungen Vater und den Jugendlichen erledigt. Wir wären gar nicht in der Lage gewesen, diese Aufgabe zu bewältigen, und noch heute denke ich mit tiefster Dankbarkeit und Bewunderung daran zurück.

So wurden die Abschiedsfeier und die Messe zu unvergesslichen, wenn auch sehr schmerzhaften, aber wunderschönen Momenten der Anteilnahme und vor allem Wertschätzung des Menschen Leif, der unter uns gelebt und unzählige Freunde gehabt hatte, die ihn jetzt sehr vermissten.

Während die engsten Angehörigen leise in der Kirche Platz nahmen, trug jeder Jugendliche einzeln durch den Kirchgang ein Teelicht nach vorne, wo vor dem Altar Leifs weißer Sarg aufgebahrt stand. Das wunderbare Stück »Air« von Bach begleitete diesen Vorgang und verlieh ihm eine zutiefst ehrenvolle Atmosphäre, und bald umrahmte ein Lichtermeer den Sarg und ein großes Foto von Leif. Wir saßen vorne in der ersten Bank direkt gegenüber vom Sarg und ich konnte nur dieses Foto anstarren, magisch angezogen von Leifs dunklen ernsten Augen, und ich empfand seine Präsenz, unsichtbare Anwesenheit und Nähe zu mir als so stark, dass ich von einer fast unwirklichen Gefasstheit und Ruhe war. Wir hatten einen direkten innerenergetischen Kontakt, eine Verständigung ohne Worte. Eine intensive Lebensenergie befand sich um mich herum!

Ich weinte nicht, auch während der Beerdigungsfeierlichkeiten nicht, saß Leif doch regelrecht neben mir (!) und schien mich zu halten und zu tragen. Zutiefst spürte ich, dass mein Sohn sich nicht in diesem Sarg befand, der mir gegenüberstand, sondern dass sein unsterbliches Sein und Wesen in seiner ganzen Lebendigkeit um uns war und uns trösten wollte. Aber nur ich schien dies zu erfassen. Mein Mann und Judith, meine Familie und Freunde waren mehr oder weniger untröstlich. Die kleinen Geschwister durchlebten diese Zeit im Schutze ihrer altersgemäßen Naivität relativ »normal«. In dem Buch »**Trost aus dem Jenseits**« las ich später einen Bericht über genau solch ein Erlebnis, das eine Frau mit ihrem verstorbenen Sohn bei der Beerdigung ihres Neffen gehabt hatte:

»… Ich brachte ein Gedicht mit, das ich bekommen hatte, als mein Sohn Jason gestorben war – es hatte mir über die dunkelsten Stunden hinweggeholfen. Meine Familie wollte, dass ich dieses Gedicht an Brandons Grab las. Aber mir war nicht wohl dabei, weil ich nicht wusste, ob ich den Gottesdienst durchstehen würde. Ich betete und grübelte und bat um Führung und Kraft.
  Als ich das Gedicht las, spürte ich plötzlich die Gegenwart von Jason und Brandon. Jason war links von mir, Brandon rechts. Sie waren da – das stand für mich fest! Was ich am meisten spürte, war Liebe und Fürsorge und sehr viel Ruhe und Gelassenheit. Intuitiv wusste ich, dass sie mir in dieser schwierigen Situation helfen wollten.«

– 3 –

Zur Beerdigung kamen natürlich auch Leifs leiblicher Vater und seine Großeltern. Der Anblick von Leifs Großmutter, einer kleinen, gebeugten alten Frau, die eine kleine Blume am offenen Grab auf seinen Sarg warf, schmerzte mich sonderbarerweise sehr. Ihr Weltbild war komplett auf den Kopf gestellt:
Ein junger Mensch sollte nicht vor seinen Eltern und Großeltern sterben! Aber sie war auch zutiefst gläubig, und dass Leif weiterlebte, war für sie eine sichere Tatsache.
Die Messfeier war sehr ergreifend und liebevollst gestaltet. Ein Freund, der eine persönliche Ansprache für Leif halten wollte, brach am Mikrofon weinend zusammen und jemand anders las weiter. Unzählige alte und junge Menschen, die ich zum Teil gar nicht kannte, erwiesen unserem Sohn die letzte Ehre mit ihrem Erscheinen. Diese Momente und das unglaublich charismatische Lied »Von guten Mächten wunderbar geborgen« waren Augenblicke intensivsten Schmerzes, bleiben aber auch als unschätzbar wertvoll in unserer dankbaren Erinnerung.

Die Liebe hat sich gewandelt:
Sie ist nun unendlich zart und doch stark,
still und dennoch voller Lebendigkeit,
fern, aber in jedem Augenblick gegenwärtig.
Sie ist geheimnisvoll und doch ganz klar,
rein und fein von allen Dingen dieser Welt.
Nun ist sie daheim in der Geborgenheit des Herzens,
im Schutz der Erinnerungen:
unantastbar, unbesiegbar, unverlierbar.
(1)

Vom Tag des Unfalls an war Leifs Zimmer unberührt gewesen, bis auf die Tatsache, dass ich täglich irgendwann hineinging und die Dinge und Objekte betrachtete, die sich darin befanden: sein Bett, aufgedeckt vom letzten Verlassen, den Schreibtisch, seine Schultasche danebengelehnt, die vielen Basketballposter an Decke und Wänden, ein T-Shirt, das noch über der Rücklehne des Stuhles hing. Immer wieder nahm ich es in die Hände, um daran zu riechen, und ich sog Leifs darin immer noch intensivst wahrnehmbaren Körperduft ich mich hinein, einen Duft von zarter Vanille. All diese Dinge waren in ihrer unschuldigen Präsenz und Normalität von solch einer Brutalität. Der Verstand und auch das Herz konnten es einfach nicht erfassen, dass der Mensch, der vor einigen Tagen noch ganz selbstverständlich zwischen diesen Dingen umhergegangen war, nie mehr dieses Zimmer betreten oder jemals wieder ein T-Shirt überstreifen sollte. Dann, nach der Beerdigung, suchte ich in meiner Verzweiflung täglich in diesem Raum meinem Sohn noch irgendwie näherzukommen, suchte hysterisch nach allem, was Zeugnis von seiner irdischen Anwesenheit liefern konnte: Aus seiner Schultasche holte ich das Tagebuch hervor, wo die Inhalte der Schulstunden eingetragen wurden. Ich suchte Trost in der Handschrift von Leif, aber die leeren Seiten nach dem 22. Oktober raubten mir wieder die letzte Selbstbeherrschung.

Ich dachte, den Schmerz dadurch irgendwie zu lindern, indem ich mich auf seinem Bett in sein Kissen vergrub, konnte damit aber nur mein haltloses Weinen in seiner Lautstärke ein wenig abdämpfen. In der Regel tat ich dies, wenn die Geschwister in der Schule waren, um später wieder einigermaßen für sie da sein zu können.

Manchmal musste ich auch in den kleinen Wald, der direkt gegenüber dem Hof lag, gehen, weil der Schmerz in mir so groß war, dass ich buchstäblich nicht mehr wusste, wohin damit, und einmal habe ich geschrien, gebrüllt wie von Sinnen, ich schrie seinen Namen, wieder und immer wieder, laut, verzweifelt, in diesen kahlen Novemberwald, und der Schmerz wurde immer nur stärker, dass ich meinte, wirklich verrückt zu werden! Bei jedem Ruf seines Namens wurde mir immer nur mehr bewusst, dass Leif nie mehr zurückkommen würde, ich ihn nie mehr sehen und berühren konnte.

So waren diese ersten Tage und Wochen geprägt von diesem Gefühl der Unwirklichkeit und des Unfassbaren, man hangelt sich von Augenblick zu Augenblick oder von Stunde zu Stunde, so als hinge man an einem Seil mitten über einem endlos tiefen Abgrund und versuchte, Handgriff für Handgriff wieder auf die andere Seite zu gelangen, immer mit dem bedrohlichen Bewusstsein, jederzeit abstürzen zu können. Wie oft hatte ich in dieser Zeit nur die Sehnsucht, nicht mehr in dieser Welt bleiben zu müssen, zu meinem Sohn gehen zu können – ich wollte auch sterben. Gleichzeitig erschreckten mich diese Gefühle zutiefst und ich schämte mich meinen anderen Kindern gegenüber. Ich konnte mir einfach nicht vorstellen, die nächsten Jahre ohne Leif zu leben.

Jeder Anruf oder kurze Besuch eines lieben Bekannten oder Familienangehörigen war schlichtweg lebensrettend!

Gemeinsam mit meinem Mann und den Kindern schauten wir alle Fotos an, die wir von Leif nur finden konnten. Ja, ich wollte bewusst, dass er weiter jeden Tag in unserem Leben einen Platz hatte, dass wir von ihm sprachen, so wie es dieser wunderbare irische Text im Vorwort beschreibt, auch wenn es besonders für meinen Mann oft sehr schmerzhaft war. Alles, was eine gewisse Anwesenheit von Leif bewirken konnte, kramte ich hervor: kleine Basteleien, Zeichnungen, Weihnachtskarten und Liebesbriefchen an Mama, die ich seit Leifs jüngster Kindheit gesammelt hatte.

Eines Tages stieg ich sogar auf den Speicher, um nach alten Schulheften von Leif zu suchen. Schulmaterial bewahrten wir immer jahrelang auf. Ich war wieder besonders schlecht dran und weinte, während ich nach den entsprechenden Kartons schaute. Da fiel mein Blick auf ein winziges Zettelchen, das auf dem Holzboden zwischen den Kisten lag. Ich hob es auf und las:

»*Werden die Toten auferstehen?*«
(Matthäus 22, 23–33; Lukas 20, 27–38)

23
Später kamen einige Sadduzäer zu Jesus. Diese Leute behaupten, es gebe keine Auferstehung der Toten.
????

Im ersten Moment war ich so perplex, das ich mir keinen Reim darauf machen konnte, warum mir dieses unscheinbare Zettelchen in die Hand kam, mit dieser unglaublichen Botschaft darauf. Hier war die Rede von Auferstehung nach dem Tod und der Ungläubigkeit der Menschen, die sich in ihrer Not an Jesus wenden. Ich spürte sofort, dass es hierbei auch um meine eigenen tiefen Zweifel ging, die ich bezüglich des Todes und eines Lebens danach hatte, konnte ich doch in meinem Schmerz nicht wirklich daran glauben, dass Leif noch irgendwie »weiterlebte«. Die Wirkung dieser Fügung war wieder einmal mächtig. Ein Engel hatte mich an die Hand genommen und mich an diese Stelle auf den Speicher geführt, um eine direkte göttliche Botschaft zu erhalten. Ich saß auf dem Boden, mit dem Stück Papier in Händen, und weinte jetzt vor Überwältigung und Ehrfurcht, spürte Leifs Präsenz so deutlich im Raum, mit dem dringenden Wunsch, mich zu trösten und mir zu sagen, dass er weiterlebte.

Dieses Gefühl, so direkt in eine göttliche Interaktion eingebunden zu sein, die nur zur Absicht hat, dich in unendlicher Liebe aufzufangen und mit dir zu kommunizieren, ist schwer mit den richtigen Worten zu beschreiben. In dieser Zeit widerfuhren mir persönlich die ersten wirklichen, <u>bewusst</u> wahrgenommenen Wunder! Denn heute weiß ich sicher: Immer und überall geschehen Wunder auf dieser Welt und haben mit Sicherheit nicht nach Christi Zeiten aufgehört sich zu manifestieren. Nach zehn Jahren endlich, während ich an diesem Buch arbeite, habe ich erstmals in der Bibel nach diesem Vers gesucht, um zu lesen, was Jesus geantwortet hat und ob es mit meiner schon damaligen intuitiven Antwort übereinstimmt:

26 »Was nun die Auferstehung der Toten überhaupt betrifft: Habt ihr nicht im Buch des Mose gelesen, wie Gott am brennenden Dornbusch zu ihm sagte: »Ich bin der Gott Abrahams, Isaaks und Jakobs? 27 Er ist doch nicht ein Gott der Toten, sondern der Lebenden. Ihr seid völlig im Irrtum!«

Ist es nachzuvollziehen, welch eine unbeschreibliche Freude es auch am heutigen Tage noch für uns bedeutet, zu erfassen, welch eine ungeheuerliche Botschaft damals auf diesem kleinen Papier in nicht erklärbarer Weise auf dem Speicherboden zu mir kam? Ja, dort waren Kräfte des Himmels am Werk und Leif hatte erfolgreich die Nachricht überbracht, dass er weiterlebt. Diese Situation lässt mich auch an den schönen Film »**Ghost, Nachricht von Sam**« denken. Auch dieser Mensch, der durch einen Mord schon halb im Jenseits ist, versucht seiner Liebsten über ein menschliches Medium Nachrichten und Beweise seiner Existenz zukommen zu lassen.

Als Fantasiekomödie eingestuft haben die wenigsten Menschen, glaube ich, den wahrhaftigen spirituellen Wert dieses wunderbaren Films erkannt.

»… Aber haltet die Augen offen. Hört zu: den Worten des nächsten Liedes, dem ihr lauscht. Achtet auf die Information im nächsten Artikel, den ihr lest. Das Thema des nächsten Films, den ihr euch anschaut. Die beiläufige Äußerung der nächsten Person, die ihr trefft …« (Gespräche mit Gott, N. D. Walsh)

– 4 –

Ein dringendes Bedürfnis bestand für mich auch darin, möglichst alle Menschen, die Leif jemals gekannt hatten, von seinem »Tod« zu unterrichten.

So kam es, dass ich Freunde und Bekannte kontaktierte, die ich seit Jahren aus den Augen verloren hatte. Alle reagierten gleichermaßen tief betroffen und nahmen zutiefst teil an unserem Schicksal. Sehr viele Freundschaften haben sich dadurch wieder auf intensivste Weise erneuert und haben sich bis heute als echte Freundschaften erwiesen. Alleine diese Tatsache ist schon eines dieser unzähligen Wunder, die durch Leifs Schicksal bewirkt wurden.

Auf diese Weise fand ich zurück zu einem der heute wichtigsten Menschen in meinem Leben. Ich nenne sie meine spirituelle Meisterin, meine Freundin Renate. Mindestens sieben Jahre hatten wir keinen Kontakt mehr. Damals hatte ich während meiner Ausbildung ein Praktikum bei ihr gemacht und schnell verband uns eine große Freundschaft, ein tiefes Verstehen.

Obwohl Renate mir damals mit ihrer stark esoterischen Neigung manchmal etwas wunderlich erschien, brachten mir unsere gemeinsamen Stunden enorm viel. Auf dem spirituellen Gebiet war ich absolut unerfahren und auch ungläubig. Trotzdem faszinierten mich Renates Geschichten vom Jenseits und Kontakt mit Geistwesen und der Existenz einer anderen Dimension des Lebens. Unzählige Bücher dazu fanden sich in ihren häuslichen Regalen.

So war Renate eine der ersten Personen, die ich in meiner Verzweiflung anrief und von Leifs Hinübergang berichtete. Augenblicklich waren ihre ersten Worte ein ungeheurer Trost für mich. Im natürlichsten Ton und mit größter Selbstverständlichkeit, als sprächen wir vom aktuellen Wetter, sagte Renate: »Eva, Leif ist da, er ist in seinem feinstofflichen Körper anwesend und lebendig, er hat keinen Kehlkopf mehr, mit dem er zu dir sprechen kann, du kannst ihn im Augenblick nicht sehen, aber den Tod gibt es nicht und Leif ist euch ganz nah.«

Diese Worte waren reinster Balsam für meine Seele. Das spirituelle Reich, das Renate schon so lange kannte, nahm augenblicklich in meinem Leben seinen Platz ein.

So sprachen wir eine ganze Weile, und ganz selbstverständlich war Renate die Erste, der ich meinen unglaublichen Traum berichtete, den ich zwei Wochen vor Leifs Unfall hatte:

Ich befinde mich mit Leif in einer Art Dachboden, leer und sauber. Ich trage einen schwarzen Mantel, wogegen Leif komplett weiß gekleidet ist. Leif geht auf ein offenes Fenster in diesem Raum zu. Panik erfasst mich und ich denke: »Er wird hinunterstürzen!« Ich warne Leif und bitte ihn, sich nicht hinauszulehnen. Er tut es aber und stürzt augenblicklich hinunter. Ich eile durch den Raum und denke nur noch: »Oh mein Gott, jetzt ist er tot!« Unglaubliche Verzweiflung erfasst mich. Beim Fenster angekommen schaue ich hinunter und sehe Leif wohlbehalten in einem lichtüberfluteten grünen Garten stehen und denke nur, fassungslos vor Erleichterung: »Er lebt! Er hat ja gar nichts an Verletzungen!« Lediglich an seiner linken Schläfe erblicke ich eine harmlose Schramme.

Renate sagte dazu ganz ruhig und sehr überzeugt: »Dies war nicht einfach ein Traum. Du bist von höherer Ebene über das, was passieren würde, informiert und vorbereitet worden.« In meinem tiefsten Innern konnte ich dem zustimmen und es ergab auch plötzlich einen Sinn. Ja, der Sturz aus dem Fenster stellte symbolisch den Übergang in die andere Welt dar und die Verletzung an der linken Schläfe entsprach der körperlichen Verletzung an Leifs linker Gehirnhälfte.

Die Erkenntnis, dass ich sehr plötzlich aus dem Vorhandensein eines tieferen Wissens in mir schöpfen konnte, ließ mich unter ehrfürchtigem Staunen erschaudern. Eine völlig neue Welt tat sich mir auf, die aber scheinbar ihren absolut berechtigten Platz in der menschlichen Existenz hatte, weil sie einen, zumindest für meinen Teil, offensichtlich sicher vor dem endgültigen Absturz in die tiefste Verzweiflung bewahrt.

Mehr oder weniger augenblicklich bot Renate mir an, sie zum Wochenende zu besuchen und dann länger miteinander zu sprechen. Dies sollte der Anfang von fast therapiemäßigen Besuchen werden. Immer freitags konnte ich zu meiner Freundin fahren und sie widmete mir den ganzen Abend, um mich zu trösten und mir zuzuhören und nur von Leif zu sprechen. Es geschahen für mich zunächst unglaubliche, aber zutiefst tröstliche Dinge, wie z. B., dass Renate sehr oft die sehr helle Aura von vielen Personen an der Wand, gegen die ich auf einem Bett angelehnt saß, rechts und links neben mir wahrnahm.

So beschrieb sie mir die ovale Kopfform und große Statur, die völlig passend auf Leif zutraf und der demnach direkt neben mir saß. In dieser Atmosphäre, voll von Zeichen und kleinen Wundern aus einer anderen Welt, tankte ich enorm Kraft, um die nächste Woche zu überstehen, denn die nächsten Wochen und Monate ohne Leif waren so unbeschreiblich schmerzhaft.

Die alltäglichsten Dinge wurden mir plötzlich zur Qual.

Die Einkäufe, z. B. beim Metzger: Ich stand da und überlegte, was es zu Mittag als Fleischbeilage geben sollte, und stellte mit Grauen fest, dass ich jetzt ein Stück weniger nehmen musste. Ich konnte meinem Sohn keine Mahlzeiten mehr zubereiten. Auch das Tischdecken wurde zum Gewaltakt, und weil es für uns alle die erste Zeit zu schmerzhaft war, eine leere Stelle an Leifs Platz zu sehen, stellten wir immer noch einen Teller für ihn hin.

Es gab keine Kleidung mehr von ihm in der Wäsche und auf der Leine, seine Schultasche und seine Schuhe standen als stumme, brutale Zeugen an ihrem Platz.

Täglich lief ich zum Friedhof, mit oder ohne frische Blumen, um meinem Sohn in meiner Verzweiflung ein wenig näher zu sein. Es war schon Mitte November, und nach ersten starken Nachtfrösten sahen alle Gräber wie gezuckert aus. Ich betrachtete die aufgetürmten Blumengelege, die noch von der Beerdigung alle da waren, und stellte fest, dass sämtliche Blumen vom Frost total zermatscht und vernichtet waren. Und dann sah ich es: Ein Gelege, das sich genau über der Stelle befand, wo Leif auf Brusthöhe lag, enthielt noch 15 rote Rosen, die in offensichtlich unbeschadeter Frische deutlich, ja fast keck emporragten.

Intuitiv begriff ich die Botschaft sofort. Leif machte mir ein Geschenk, eine Botschaft der unverwüstlichen Liebe, 15 rote Rosen! Ich war zutiefst erschüttert und überglücklich, dies so zu empfinden. Natürlich habe ich schon gehört, dass Rosen gerade kalte Temperaturen gut vertragen, aber die Blumengestecke waren schon zwei Wochen alt und andere Rosen auf dem Grab waren verwelkt!

Ich hatte recht schnell im Laufe der Zeit das eine dahinterstehende Prinzip erkannt, was alleine gültig ist:

Entscheidend ist, dass der Empfänger einer Botschaft sie als solche sofort erkennt und auch begreift, was es bedeuten soll, sieht es für Außenstehende auch noch so unlogisch aus. Und die Zeichen von Leif kamen in dieser ersten schweren Zeit so häufig und aus allen Quellen, dass klar zu spüren war, dass er uns helfen und uns nah sein wollte.

»*Wir werden auch achtsam auf die Chance warten, jemandem zu erscheinen, von dem wir wissen, dass er uns sehen und hören kann, damit er lieben Menschen, die nicht diese Gabe haben, eine Botschaft von uns überbringt.*«
(»*Jenseitsleben*«, von Sylvia Browne)

»*Dass sie die Gelegenheit haben, jenen, die sie liebten, Hilfe und Trost zukommen zu lassen, gehört zu den ersten Dingen, die sie lernen, wenn sie sich mit den Möglichkeiten ihrer neuen Existenz vertraut machen …*«
(GmG, Bd. 3)

So nahm eines Tages eine Schulkameradin meine Tochter Judith beiseite und gestand ihr etwas verlegen, dass sie ihr schon länger etwas erzählen wollte, sich aber nicht gleich getraut hatte, um nicht als Verrückte erklärt zu werden. Das Erlebnis ließe ihr aber keine Ruhe und sie müsse es Judith berichten.

Demnach war die damalige enge Freundin von Judith, wie sie selbst berichtete, nachts von Licht aus dem Schlaf erweckt, und sie hatte sich, noch benommen, gefragt, wieso das Licht noch brannte oder wer es denn wieder angeknipst hatte, als sie, langsam klarer werdend, in dem »Licht« Leif in seinem roten Pullover bekleidet an ihrem Bettrand sitzen sah, und er schaute sie an.

Ja, für uns die logischste Schlussfolgerung daraus war, dass Leif sich einer Freundin zeigte, um Judith seine Präsenz zu beweisen, weil Judith selbst sich bei seinem Anblick wahrscheinlich viel zu sehr erschreckt hätte.

Von diesem Tage an waren Judith und dieses Mädchen besonders eng verbundene Freundinnen geworden.

All diese kleinen Erlebnisse halfen uns, den Alltag ohne Leif zu ertragen, wenn auch noch jeder Tag von tiefster Trauer geprägt war. Wohin ich auch ging, vor allem, wenn ich nicht unter Leuten war, fraß der Schmerz in mir, besonders in der Herzgegend, wie ein rasendes Krebsgeschwür.

Eintragung vom 10. Februar 2000 in mein Tagebuch:
»Seit Tagen geht es mir sehr schlecht. Ich kann es nicht erfassen, dass du nicht mehr unter uns bist, in dein Bett gehst, all die Sachen essen kannst, die du so gerne gegessen hast.« …

Eine solche Art von Verzweiflung, die ich in einer derartigen Intensität noch nie vorher erfahren hatte, trieb mich zu den sonderbarsten Taten an und ließ mich auch Wege gehen, Dinge tun, von denen ich mit Sicherheit nicht geglaubt hätte, dass ich sie eines Tages einmal tun werde, tun muss. In der maßlosen Trauer sucht man nach Mitteln, den unerträglichen und gnadenlosen Schmerz zumindest für einige Augenblicke, ein paar Stunden zu lindern, zu betäuben. Vielleicht fühlt es sich so an, wenn man drogenabhängig und auf Entzug ist.

Renate, die immer an meiner Seite war, wenn ich es brauchte, erzählte mir auch als Erste von den »Tonbandstimmen«.

Sie hatte eine gute Bekannte, eine ältere Dame, die sich auch nach dem Verlust einer sehr lieben Freundin in ihrer Trauer den spirituellen Ebenen und paranormalen Phänomenen zugewandt hatte, um dort Trost zu finden. So hatte sie sich intensiv mit dem Einspielen von Stimmen aus dem Jenseits über Tonband, zur damaligen Zeit mit Hilfe eines Radiokassettengerätes, beschäftigt.

Mittlerweile gibt es zu dieser Thematik mannigfaltige Literatur und Seiten im Internet. Hier ein kurzer Auszug des Begründers der Tonbandforschung:

Im Jahre 1959 bemerkte der schwedische Kunstmaler und Opernsänger Friedrich Jürgenson auf einer Tonbandaufnahme seltsame Stimmen, die ihn mit Namen ansprachen und Dinge sagten, die eigentlich nur er wissen konnte. Fortan widmete er sich ganz der Erforschung des »Tonbandstimmen-Phänomens«, das er im Jahre 1967 mit seinem Buch Sprechfunk mit Verstorbenen als »Stimmen aus dem Jenseits« publik machte. Einer der ersten, der auf Jürgensons Entdeckung aufmerksam wurde, war der lettische Autor Konstantin Raudive. Durch sein 1968 erschienenes Buch Unhörbares wird hörbar (engl. Titel: Breakthrough) wurden die Stimmen schließlich weltweit bekannt.

Jürgenson selbst war zeit seines Lebens immer darum bemüht gewesen, das Phänomen wissenschaftlich untersuchen zu lassen. Er wandte sich dazu an Rundfunktechniker und machte Physiker und Psychologen auf sich aufmerksam. So ließ etwa das Parapsychologische Institut der Universität Freiburg unter der Leitung von Hans Bender in Zusammenarbeit mit Jürgenson in den Jahren 1964 und 1970 Untersuchungen des Stimmenphänomens durchführen [Link], welche die Existenz des Phänomens zwar grundsätzlich bestätigen konnten, die jedoch nicht weitergeführt wurden, da

die erzielten Ergebnisse den strengen Anforderungen der verwendeten Analyseverfahren nicht genügten. Weitere Untersuchungen in London Anfang der 1970er Jahre [Link] – diesmal zusammen mit Raudive – bestätigten ebenfalls die Existenz des Phänomens.
(Internetseite: www.tonbandstimmen.de)

Nie zuvor hatte ich von so etwas gehört, aber dann erzählte mir Renate, dass diese Frau bei ihren allwöchentlichen Einspielungen Botschaften von einem jungen Mann auf Band hatte, von einem »Sohn«, und sie mit diesen Nachrichten nicht unbedingt etwas anfangen konnte.

Sie wusste aber über Renate von meinem Schicksal und begriff sehr schnell, dass Leif womöglich so einen Kontakt herstellen wollte. Renate machte mir den Vorschlag, ihre Bekannte zu besuchen und gemeinsam zu versuchen, eine mögliche Botschaft von Leif zu erhalten.

Ich war wie elektrisiert von der Vorstellung, irgendein »Lebenszeichen« von ihm erhalten zu können.

Wir trafen uns an einem Abend bei der Dame in ihrer Wohnung. Bei Kerzenlicht saßen wir am Tisch mit dem Radiogerät darauf. Eine Leerkassette war eingelegt, um anschließend Sequenzen aus dem Radio aufzunehmen.

Dabei sucht man aus der Mittelwelle bewusst eine undeutliche Mischung aus mehreren Sendern. Es ist ein Wirrwarr von einigen gesprochenen Übertragungen. Dann muss man nur noch auf »Aufnahme« drücken und das Band eine Weile mitlaufen lassen.

Man kann vorher um Kontakt mit einer bestimmten Person bitten oder einfach lauschen, welche Botschaften man bekommt.

Natürlich baten wir an diesem Abend, dass Leif sich melden möge. Ich war unglaublich aufgeregt und konnte mir auch noch nicht vorstellen, was und wie da was passieren sollte.

Wir ließen das Band laufen … und die beiden deutlichst zu hörenden Botschaften, die nach erneutem Abspielen der aufgenommenen Radiosendung zu mir kamen, haben sich in mein Herz gebrannt. Es war Leifs ureigene Stimme, die klar zu erkennen war, und sagte: »Hier ist Leif!«, und ein wenig später sehr zärtlich: »Im Herzen, bin bei dir.«

Meine Freude und Erregung ist nicht mit Worten zu beschreiben, ein unermesslich gutes Gefühl der realen Nähe von und mit meinem Sohn in all seiner Lebendigkeit erfasste mich an diesem Abend und das Erlebte legte sich wie ein Wundpflaster auf meine schmerzende Seele.

Es gab an diesem Abend noch andere diverse Durchsagen, an die ich mich aber nicht mehr erinnere. Ich habe diese Technik, mit Leif zu kommunizieren, noch eine ganze Weile auch bei mir zu Hause, mit Renate und allein, praktiziert.

Es kamen noch etliche unglaubliche Durchsagen von ihm. Er äußerte sogar einen Wunsch, was die Inschrift seines Grabsteins betraf!

Er sagte zu der Zeit, als ich damit beschäftigt war, sein Grab zu gestalten:

»Ihr müsst mir den Doppelnamen geben!«

Ich hatte sofort verstanden. Offensichtlich war es Leifs Wunsch, Ausdruck seiner Dankbarkeit seinem Stiefvater und mir gegenüber zu geben. Es ist ja nicht üblich, bei unverheirateten Verstorbenen einen Doppelnamen auf den Grabstein zu setzen.

Ich habe es umgesetzt …

Auch wenn mein Mann diese Dinge nie selber ausprobiert hat und er mit Sicherheit bis heute in den spirituellen Belangen wesentlich mehr zweifelt als ich, habe ich ihn damals über die Tonbandeinspielungen informiert und was ich damit tun wolle. Er hat es immer akzeptiert, mit Sicherheit weiß auch seine innerste Weisheit, dass es okay ist.

Obwohl es immer spannend war, Tonbandaufnahmen zu machen und Botschaften zu bekommen, brauchte ich diese Methode nicht lange, um den Kontakt zu Leif zu haben und zu spüren.

Außerdem empfand ich das Aufnehmen und Abhören schnell als anstrengend. Zudem erhielten wir ja über die Jahre auch so viel andere Arten der Zeichen von unserem Sohn, dass es genügte.

*

Jeden Tag ging ich zu einer Stelle in einem kleinen Tannenwäldchen, das sich direkt hinter der am Stallgebäude anschließenden Weide befand. Dort hatte Leif in den letzten Jahren immer im Sommer mal in der einen oder anderen schönen warmen Nacht mit Freunden gezeltet und kleine Lagerfeuer gemacht, wo auch Kartoffeln in der Asche gegart und so manches Bier gebechert wurden.

In der Nähe der noch sichtbaren Feuerstelle grub ich Tulpen- und Narzissenknollen ein, die im nächsten Frühjahr hoffentlich dort erblühen sollten. Ich platzierte ein kleines Foto und ein Grablicht dazu und machte es zu meiner ganz privaten Gedenkstätte. Dort hatte ich aber auch die schlimmsten Momente, in denen ich sehr lange und verzweifelt weinte. Der unerträglichste Gedanke war dabei, immer zu wissen, dass ich versuchen konnte, was immer ich wollte, und weinen konnte, so lange, bis die Kräfte nicht mehr reichten, nichts würde mir Leif jemals wieder zurückbringen.

Im Augenblick, wenn ich dachte, jetzt jeden Moment vor Schmerz den Verstand zu verlieren, trat ein wenig Ruhe ein, wie wenn man sich im Auge des Hurrikans befindet, nahm die Vernunft oder irgendetwas wieder überhand, das mich klarer denken ließ. Ich glaube, dass selbst in diesem Moment Leif mir diese kleine Kraft eingab oder ein sehr liebevoller Schutzengel!

So erlebte ich in diesem kleinen Wald an einem jener furchtbaren Tage, als ich wieder untröstlich weinte, das nächste wunderbare Zeichen von Leif. Es hatte schon geschneit, ich hockte vor Leifs kleinem Foto und bettelte um ein Zeichen von ihm; ich erhob mich in meiner Verzweiflung, schaute ringsherum in die nackten, laublosen Bäume. Dabei drehte ich mich um 180 Grad, wie von Geisterhand geführt, und mein Blick fiel auf eine junge Eiche, die als einziger Baum noch reichlich grüne Blätter trug! Die Botschaft kam augenblicklich, ich erhielt sie, so wie alle Botschaften bis heute, auf eine Art telepathische Weise, als hörte ich die Stimme meines Sohnes: »Mama, ich bin jung und lebendig und werde immer stark hinter dir stehen und dich stützen!« ...

Die Kraft, die einen in diesem Moment der größten Verzweiflung überkommt, ist überwältigend und fast verwirrend, die vermeintliche äußere Realität wird undeutlicher, und das Vorhandensein dieser anderen, viel größeren Realität erfasst das Bewusstsein für einige Augenblicke. Es ist, als schaue man einen kleinen Moment durch den Vorhang in eine bis dahin völlig verborgene Welt, aber selbst dann traut man seiner eigenen Wahrnehmung noch nicht, weil in der bisherigen Realität solche Erlebnisse eher zu den Fantasiegeschichten gehören. Es sollte noch lange dauern, bis ich begann, mit Überzeugung diese Erlebnisse der realen Existenz unseres Daseins zuzuordnen. Erst die Lektüre sehr vieler Bücher von spirituellen Autoren und sehr großen Meistern, die von der spirituellen Ebene berichten, brachten mir mit der Zeit die Sicherheit und auch einschlägige Bestätigung, dass wir multidimensionale Wesen und große Schöpfer sind, die immer mit der größten Quelle im Universum verbunden sind und nie nicht mehr existieren.

Ein Phänomen, das sich in diesem kleinen Wald auch sehr bald ereignete, gehört zu den überwältigendsten und größten Zeichen, die von Leifs Präsenz und noch stark vorhandener Energie zeugten.

Ich glaube, es passierte im ersten Frühjahr nach Leifs Hinübergang. Unsere Border-Collie-Hündin hatte im Sommer '99 einen Wurf von sechs Welpen zur Welt gebracht. Wir hatten vier Tiere schon bald verkaufen können, aber es blieben zwei kleine

Hündchen übrig. Ein Weibchen und ein Rüde. Die Hündin hätten wir vielleicht noch weitervermitteln können, aber mit dem Rüden hatten wir echt ein Problem: Er lief auf drei Beinen, konnte das linke Hinterbein überhaupt nicht belasten. Eine ganze Weile hatten wir diese Tatsache nur beobachtet und dachten, es würde sich irgendwie auswachsen. Auch schien das Tier nicht zu leiden, fraß gut und lief trotz allem mit den anderen beiden Hunden quietschfidel durch die Gegend. Außerdem war der Rüde außergewöhnlich anhänglich und schien sehr empfindsam zu sein. Er hatte einen betont intensiven Blick, fast immer ein wenig traurig. Wir nannten ihn aus diesem Grunde »Tristan«, ein edler Name, den wir von dem französischen Wort »triste« für »traurig« abgeleitet hatten.

Dennoch zogen wir eines Tages unseren Tierarzt zu Rate. Er untersuchte das Tier gründlich und stellte eine Verformung im Hüftgelenk fest, die wohl angeboren war. Vor allem seine Diagnose fiel ziemlich hoffnungslos aus. Er sagte, man könne in diesem Fall nicht operieren. Der Hund würde immer auf drei Beinen laufen, sodass ein Verkauf überhaupt nicht möglich war. Der Arzt empfahl uns, den Hund einzuschläfern!

Ich sehe mich noch mit Leif im Hof bei dem Hund sitzen. Wir sprachen darüber, während wir das niedliche Tier streichelten. Leif war fassungslos angesichts der einzigen Möglichkeit, dieses Tier zu töten. Zumindest in dieser aktuellen Situation konnte keiner in unserer Familie, auch mein Mann nicht, diese Entscheidung treffen – und der Hund lief einfach noch weiterhin so »mit«.

Dann »starb« Leif ... Tristan war immer noch da, und uns war ganz gewiss nicht nach irgendeiner anderen Variante, noch einen Tod zu erleben. Der Hund blieb und lief weiterhin überall mit. Er folgte mir auf Schritt und Tritt.

So begleitete er mich auch mit auf meinen fast täglichen Gängen in diesen kleinen Wald, zu meiner selbst erschaffenen heiligen Stätte, wo ich Leif so intensiv begegnen konnte.

Es war ein sonniger Tag, daran erinnere ich mich noch, und Tristan lief auf seinen drei Beinen genauso flott wie ein normaler Hund neben mir.

Wieder saß ich, wie üblich, einige Zeit an der Stelle, wo Leif Lagerfeuerchen gemacht hatte, mit stillem Weinen und in tiefer Trauer. Tristan lief unterdessen überall umher und war nach Hundeart damit beschäftigt, das Territorium zu beschnüffeln. Irgendwann erhob ich mich wieder, um über die Hauswiese zurückzukehren. Der Hund folgte mir auf meinen Zuruf sofort gehorsam.

Noch immer in Gedanken versunken schritt ich über die Wiese. Und dann traf es mich wie ein Schlag, als ich gewahr wurde, was neben mir lief: Tristan – und ganz normal auf seinen vier Beinen!!

Ich konnte es erst einmal einfach nicht fassen. Wieder hatte ich dieses berauschende und zugleich fast beängstigende Gefühl, dass hier etwas Unglaubliches ablief, ja ein Wunder! Fast gleichzeitig hatte ich wieder die telepathische Botschaft von Leif, ich hörte seine Stimme in meinem Kopf: »Mama, ich stelle dir Tristan an deine Seite. Das ist dein treuer Freund, er soll dich immer begleiten!«

Tristan ist heute zwölf Jahre alt. Er war stets ein starkes, gesundes Tier, der auch einige Nachkommen hatte, und ist seit dem Vorfall im Wald immer auf vier Beinen gelaufen. Er ist der absolute Familienhund der ganz besonderen Art. Extrem sensibel fängt er jede Stimmung auf und hat eine besonders starke Bindung an mich. Er schaut jeden mit seinen tiefgründigen Augen lange und unverwandt an. Eine tiefe reine Liebe spiegelt sich in seinem Blick, wie ich es noch bei keinem anderen Hund gesehen habe.

Letztlich meinte Erik doch tatsächlich, er glaube, Leif sei in diesen Hund eingegangen. Ich widersprach ihm, bin aber überzeugt, dass Leif uns diesen Hund eben als ganz besonderen Begleiter und vielleicht auch Verbindungsglied zu ihm bestimmt hat.

Tristan begrüßt so gut wie alle Menschen freundlich. Ich habe schon öfter den Eindruck gehabt, dass dieses Tier gar nicht weiß, was beißen ist.

Allerdings hat er uns längst vom Gegenteil überzeugt, als er in einer Nacht ahnungslose Freunde unserer Tochter in die Flucht geschlagen hatte und an deren Hosenbein hing, weil sie sich dem Zelt der Mädchen näherten. Nora hatte im Garten mit Freundinnen gezeltet und Tristan bewachte die Mädchen die ganze Nacht, ohne dass wir den Hund dort hinbefohlen hatten. Das war für Tristan immer selbstverständlich. Er begleitete all unsere Kinder immer auf ihren nächtlichen Ausflügen.

Es scheint, als habe Leif seine besonders fürsorgliche Art seinen Geschwistern gegenüber an den Hund weitergegeben.

Als Leif noch mit seiner Schwester Judith dasselbe Gymnasium in verschiedenen Klassenstufen besuchte, gab es eines Tages eine Art Bombenalarm in der Schule und alle Schüler mussten sich im Schulhof versammeln. Verständlicherweise waren die Schüler nervös und es gab einiges Durcheinander. Leif hatte nur einen Gedanken, wie sich später im Gespräch herausstellte: seine Schwester Judith in der Menge suchen, um sie zu beschützen und sie mit seiner Nähe zu beruhigen. Solch eine große Liebe und Verbundenheit zu den Geschwistern hat mich immer sehr gerührt und macht uns auch bis heute sehr stolz. Diese Verbundenheit ist der ganz eigene Charakter unserer Kinder untereinander, die bis heute so ist.

Eine Tatsache, die mich sehr bald nach Leifs Abschied dazu inspirierte, ein wunderbares Gedicht von »*Jutta Klinkhammer-Hubo*« ein wenig abgewandelt abzudrucken und mit einem Foto der vier Geschwister einzurahmen:

… denn es fehlt einer

*Wir wären eigentlich vier
und sind doch nur drei
denn es fehlt einer
und dennoch fehlt keiner
denn einer ist immer dabei*

*Wir wären eigentlich vier
vier Geschwister, die durchs Leben gingen
vier, die gemeinsam Lieder singen
vier Kameraden, die zusammen lachten
vier waren's, die oft Späße machten
aber wir sind nur drei
denn es fehlt einer
und dennoch fehlt keiner
denn einer ist immer dabei*

*Dabei, wo drei gehen und singen
dabei, wo drei lachen und Späße machen
In Wirklichkeit kann uns niemand trennen:
Auch wenn es so aussieht, als wär'n wir nur drei
denn – einer ist immer mit dabei*

*

Wochen und Monate vergingen, nachdem Leif uns verlassen hatte, und das Gefühl des Ausnahmezustandes beherrschte weiterhin unser Denken und Dasein. Ich hatte viele Fotos von unserem Sohn hervorgeholt, alles, was ich finden konnte, die aktuellsten Bilder von unserem letzten gemeinsamen Familienurlaub in Tunesien bis hin zu den ersten Babyfotos von Leif.
Wir schauten sie immer wieder an und es schuf ein gewisses Gefühl von Leifs Anwesenheit und Lebendigkeit in unserer Familie. Mit einigen der schönsten Fotos gestaltete ich bald einen großen Bilderrahmen und hängte ihn in der Küche am Esstisch auf, sodass Leif von nun an seinen Platz unter uns hatte, wo wir ihn immer alle sehen konnten. Auch befindet sich in jedem Raum des Hauses ein Foto von Leif, und die Geschwister stellten von sich aus das Bild ihres Bruders an ihr Bett.
Doch verstärkte sich wieder mehr und mehr die Verzweiflung und Panik in mir, je mehr der Alltag mit seiner grausamen Gleichgültigkeit von uns Besitz ergriff. Ich ertappte mich bei dem Gefühl, dass Leif nun schon zu lange fort war und er doch eigentlich nun endlich wieder zurückkommen müsse! Und dann bohrte sich die schmerzhafte Realität gnadenlos einen Weg in meinen Verstand, und ich musste erkennen, dass ich und mein Mann und die Geschwister uns weiterhin Tag für Tag ohne unseren geliebten Leif durch dieses zu schwer gewordene Leben kämpfen mussten, und wir klammerten uns an die profanen Dinge wie essen, zur Schule gehen, Hausarbeit erledigen ...

Intuitiv war ich aber auch davon überzeugt, dass es gut war, jeden Tag in der Familie von Leif zu sprechen. Es schien den Geschwistern gutzutun, wir wollten ihn bewusst unter uns erhalten, auch wenn wir ihn nicht sehen konnten, Leif sollte seinen Platz immer in der Familie behalten. So haben wir es bis heute gehalten, und es ist gut so.

– 5 –

Ich nehme den Telefonhörer ab, und Leif sagt: »Hallo Mama, ich bin's!« Ich freu mich sehr und wir reden eine Weile. Sonderbar ist, dass es dunkel um uns herum ist und ich Leif quasi sehen kann, im leeren Raum. Er ist normal gekleidet – und dann ist unser Gespräch beendet. Ich gehe in die Küche und denke: »Das musst du Renate erzählen!«, und blase die Kerze in der Küche aus. Da klingelt wieder das Telefon. Leif ist wieder dran und sagt, der Kontakt sei unterbrochen worden. Dann fragt er mich unvermittelt: »Mama, bin ich im Himmel?« Mir wird klar, dass er noch gar nicht weiß, in welcher Welt er jetzt lebt, und ich antworte: »Ja.« Leif wird unsicher und weint einen Moment. Er sagt, dass sie ihm hier Fallen stellen und ihm einen neuen Helm kaufen. Aber ich beruhige Leif, indem ich ihm sage, dass er dort am richtigen Ort sei und liebe Freunde für ihn da seien. Ich berichte ihm vom Buch der Kahunas, das ich gerade lese.

Damit ist es gut für ihn, und plötzlich realisiere ich, dass er seinerseits keinen Hörer am Ohr hält und in diesem grenzenlosen Raum direkt zu mir spricht.

Ich frage ihn irritiert: »Leif, kannst du mich hören? Du hast ja gar kein Telefon!« Er antwortet mit einem deutlich erkennbaren Gesichtsausdruck des Unverständnisses: »Natürlich kann ich dich hören!« Als ob es die selbstverständlichste Sache der Welt wäre …

Ein dritter Traum schließt sich in dieser Nacht an:

Leif ist völlig real und lebendig bei mir und ich frage ihn, ob er schon unser neues Telefon und die Fotos von ihm in der Küche gesehen habe. Mein Mann kommt dazu und ich spüre, dass er erschrecken wird, wenn er Leif erblickt, und schiebe ihn in das Nebenzimmer, um es ihm zu erklären. Dann sitzen wir plötzlich mit der ganzen Familie am Küchentisch und Leif erzählt von »drüben«, diesmal ganz froh, von Menschen, die andere Sprachen sprechen.

Ich merke an, dass er das aber sicher versteht, und Leif bejaht dies.

Ich erzähle meinem Mann von den beiden vorhergegangenen Telefongesprächen mit Leif und dass er einen Moment verunsichert gewesen sei, ich ihn aber beruhigen konnte. Und mein Sohn sitzt dabei und lächelt zufrieden ...

Als ich aus diesen Träumen erwachte, musste ich erst einmal wieder meine sieben Sinne ordnen, um überhaupt zu erfassen, dass ich <u>geträumt</u> hatte. Diese Begegnung mit meinem Sohn und die Gespräche waren so real gewesen, dass es keinen Unterschied zwischen Wachen und Traum gab. Auch gab es mir solch eine Kraft, Freude und die intuitive Gewissheit, dass es real gewesen war, dass ich wieder ein paar Tage in weniger kraftzehrender Stimmung verbringen konnte. Auch im wahren Leben hatte Leif immer wieder Rat bei mir gesucht, wenn er wegen irgendetwas verunsichert oder ihm etwas nicht klar war.

Ich berichtete auch stets meinem Mann, Judith und Freunden von solchen Erlebnissen. Judith munterte es ein wenig auf, mein Mann weinte, und ich konnte seinen Schmerz nicht lindern; für mich war es wie eine »spirituelle Infusion«, ein Versorgen mit überlebenswichtigen Substanzen, die medizinisch nicht messbar sind.

James van Praagh sagt dazu in seinem Buch: »Jenseitsbotschaften«:

*»Man hat mir oft die Frage gestellt, ob man Verstorbene über Träume erreichen kann. Die Antwortet darauf ist ein klares **Ja**. Der Geistkörper verlässt den physischen Körper jede Nacht, nachdem wir eingeschlafen sind. Dieser wird mit kosmischen Energien erfrischt, und der Geistkörper tut dasselbe auf einer höheren Ebene. Im Traum sind wir für geistige Eindrücke sehr empfänglich, weil wir nicht auf der bewussten oder mentalen Ebene beschäftigt sind ... Da wir im Traumzustand den geistigen Ebenen näher sind, ist es auch viel leichter, Kontakt mit Dahingeschiedenen zu pflegen ...«*

Meine Kinder hatte ich schon sehr bald gebeten und motiviert, auf Zeichen und Träume von Leif zu achten und auf jeden Fall davon zu berichten, denn sie seien gewiss ein Geschenk für alle und ich würde an der Wahrhaftigkeit nicht zweifeln.

Judith träumte, dass sie in der Küche stand und Leif den Raum betrat. Leif erfasste ihre Hand und in der Küche trat eine Veränderung ein – sie nahm eine blaue Atmosphäre an. Judith verspürte auch eine deutliche körperliche Veränderung; es wurde ihr schwindelig und sie empfand es eher als bedrohlich. Sie entzog sich Leifs Berührung, weil er ihr klar signalisierte, sie mit hinüber in seine Dimension nehmen zu wollen. Ich bin sicher, dass es eine liebevolle Einladung zu einem Kurzbesuch war, die Judith aber energetisch noch nicht verkraften konnte. Nora dagegen unternahm mit ihren damals neun Jahren offensichtlich einen spannenden Astralausflug mit ihrem Bruder.

Sie erzählte mit leuchtenden Augen und ausführlichen Beschreibungen, wie Leif sie mitnahm und die beiden in ungeheurer Geschwindigkeit durch eine Landschaft flogen, die von einer Farbenpracht und einer Tierwelt geprägt war, wie man sie hier auf Erden nicht kennt ...

Dass ich keinen Moment an einer wahren Begegnung zwischen Leif und seinen Geschwistern zweifelte, verdanke ich auch den wunderbaren Büchern, die ich zu dieser Zeit schon begonnen hatte zu lesen. Ich fand folgenden Bericht in »*Trost aus dem Jenseits*«:

»*... Plötzlich spürte ich die Gegenwart meiner Schwester Bobbie. Sie flog zu mir herunter und packte mich an der rechten Hand. Ich spürte ihre Berührung – sie war echt! Bobbie trug ein weißes Gewand aus einem leichten, fließenden, sehr zarten Material.*« »*Meine Schwester war glücklicher, als ich sie je gesehen hatte, sie lächelte und lachte die ganze Zeit. Bobby sagte telepathisch zu mir: ‚Komm, wir amüsieren uns jetzt, Ron.' Und so rasten meine Schwester und ich los in Richtung Weltraum. Es war fantastisch! Ich sah Sterne und Planeten und alle möglichen Sternenkonstellationen. Alles* *war sehr deutlich, sehr intensiv und sehr hell. Ich blickte nicht zurück, obwohl ich spürte, dass uns ein helles Licht umgab und wie ein Jetstream hinter uns zurückblieb. Als wir immer schneller flogen, drehte sich Bobby zu mir um und sagte: ‚Ist das nicht großartig?' Ich sagte: ‚Ja, nur weiter so!' Ich bin sicher, wir flogen mit Lichtgeschwindigkeit oder noch schneller. Dann kam mir der Gedanke: ‚Moment mal! Wohin bringst du mich? Wie weit fliege ich denn? Wie soll ich zur Erde zurück?' Bobby spürte meine Angst und meinen Widerstand, und Sekunden danach war ich wieder auf der Erde und lag ausgestreckt auf dem Bett ...«*

Die deutlichen Zeichen und Ereignisse, mit denen Leif sich bei uns bemerkbar machen wollte, waren im ersten Jahr nach seinem Hinübergang so zahlreich und beeindruckend, dass wir auch jetzt, viele Jahre später, die Ehrfurcht, die göttliche Präsenz, dieses Alles-was-Ist, aber auch dieses menschliche Nicht-erfassen-Können spüren. Weiterhin kamen viele Erlebnisse und Berichte von Leifs Zeichen über Freunde und Bekannte, die ihn gut gekannt und geschätzt hatten, unter anderem Menschen, die noch nie irgendein »übersinnliches« Erlebnis gehabt hatten und nun von einem Augenblick auf den anderen mit einer solchen Tatsache konfrontiert wurden.

Aber im Moment des Erlebens schienen sie sicher zu sein, dass es sich um eine Botschaft von unserem Sohn handelte, denn alle überbrachten uns sehr schnell ihren Bericht und fühlten sich mit genau derselben Ehrfurcht in die Geschehnisse eingebunden. Auch für sie öffneten sich plötzlich neue Perspektiven hinsichtlich unserer erlebten Welt und einer anderen Dimension des Daseins.

Eine enge Freundin, die auch Leifs Patin gewesen war, besuchte mich. Sie erzählte mir mit diesem Unterton des Unfassbaren, dass sie in ihrem Hause, bei der Erledigung alltäglicher Dinge, plötzlich deutlich und völlig unerwartet den Duft eines ihr nicht bekannten Herrenparfums wahrnahm. Sie kannte den Duft des Parfums von ihrem Mann zu gut, um dies sicher unterscheiden zu können.

Sie fragte, ob ich noch ein Parfum von Leif im Hause habe, und ich bejahte.

Wir hatten, wie gesagt, nach so kurzer Zeit nach Leifs »Tod« noch überhaupt nichts von ihm entfernt. Im Gegenteil, es waren für uns heilige Relikte, sein Zimmer, die Kleidung oder auch seine Schublade im Badezimmerschrank, die es zu hüten galt.

Meine Freundin bat mich, es riechen zu dürfen, was wir dann auch mit der größten Spannung taten. Im Augenblick der ersten Wahrnehmung des Duftes aus der Parfumflasche bestätigte seine Patin, augenscheinlich überwältigt, aber absolut sicher, dass sie diesen Duft in ihrem Haus wahrgenommen hatte. Wir standen in ehrfürchtiger Stille gemeinsam im Badezimmer und schauten uns nur an. Für mich, aber auch für meine Freundin war es ein wunderschöner Moment, indem wir wieder einmal erkennen durften, dass Leif uns »Hallo« sagte. So erfährt Neale in seinem Dialog mit Gott auch:

»Man riecht vielleicht ihr Parfüm oder den Rauch ihrer Zigarre, oder man hört schwach ein Lied, das sie vor sich hin zu summen pflegte ... Ich sage dir: Es gibt keine Zufälle im Universum.« (GmG, N. D. Walsh)

Der Hinübergang eines Menschen birgt immer unendlich viele Schätze und Geschenke, die er damit nicht nur seinen Angehörigen macht.

Erst viel später, wenn die Phase des tiefsten Schmerzes und der größten Trauer überstanden ist, erkennen vielleicht wenige diese Wahrheit, die einzige, die im Universum Bestand hat: dass wir alle miteinander verbunden sind und uns nie wirklich verlieren können.

Ich habe das Glück, dass ich die Kraft hatte, mich so weit öffnen zu können, um einige der wunderbaren Botschaften aus den Büchern der Meister zu verinnerlichen und daraus unerschütterlichen Glauben und Freude am Leben zu schöpfen:

»Es gibt keinen ‚Tod'. Das Leben geht immer und ewig weiter. Das Leben ist.
   Ihr ändert nur einfach die Form.«

Eines der vielen Zitate aus Band 2 der »Gespräche mit Gott« von Neale Donald Walsh, einem Menschen, dem ich über seine Bücher und drei erlebten Seminaren in seiner Gegenwart echte Heilung und unglaubliche spirituelle Weiterentwicklung verdanke, ein Mensch, dem ich immer zutiefst dankbar sein werde.

– 6 –

Das erste Weihnachtsfest »ohne Leif« näherte sich. In der Adventszeit war es für unsere Kinder, gleichgültig, wie alt sie schon waren, ein beliebtes, unumgängliches Ritual, die Türchen an einem Schoko-Adventskalender zu öffnen. Jeder hatte seinen eigenen Kalender, der in der Küche an einer der Wände aufgehängt wurde. Leif war uns allen noch so nah und der Gedanke, dass er an diesen Dingen nicht mehr teilhaben könne, noch nicht zu ertragen, sodass ich in seinem Zimmer ein kleine Vase mit Tannenzweigen auf den Schreibtisch stellte und dagegengelehnt seinen Adventskalender.

Jeden Tag öffnete ich dann ein Türchen und legte die Schokolade davor auf den Tisch. Der Heilige Abend war für meinen Mann und die Großmütter eher eine bedrohliche Sache, die es durchzustehen galt. Ich war aber fest entschlossen, dass auch dieses so völlig andere Weihnachtsfest für unsere Kinder einigermaßen festlich und in guter Stimmung vonstatten gehen sollte. Ich sagte den dreien, dass wir ganz fest an Leif denken würden und er mit Sicherheit an den Weihnachtstagen besonders eng bei uns sein würde und wir vielleicht ein Zeichen erhalten würden. Auch wenn wir Leif nicht sehen könnten, sei er ganz gewiss da ...

So war es dann auch. Nora erinnert sich besonders gut an ein atemberaubendes Zeichen von ihrem Bruder zum Fest. Mein Mann hatte in den Vorweihnachtstagen in den Baum an der Gartenecke vor der Haustüre eine lange Lichterkette eindrapiert, ohne Plan und völlig spontan in die Äste gehängt. Es war überhaupt das allererste Mal, dass wir jemals in der Weihnachtszeit eine Lichterkette außen irgendwo angebracht hatten!

Am Abend kamen die Lichtchen zum ersten Mal zum Einsatz und es war unglaublich, was wir erblickten: Die Lichterreihe ergab in ihrer Aufhängung im Baum die deutlich erkennbare Silhouette von Leif im Profil, Kopf und Brustkorb, und sein ausgestreckter Arm deutete mit erhobenem Zeigefinger in den Himmel …! Alle von uns haben es sofort erkannt und wir standen in unfassbarem Staunen, hin- und hergerissen zwischen den Gefühlen von Freude und Sehnsucht, Ehrfurcht und Unwirklichkeit angesichts dieses deutlich sichtbaren Zeugnisses von Leifs Absicht, uns zu sagen, dass er bei uns ist, auch an diesem Weihnachtsfest.

Für die damals noch so jungen Geschwister war die Symbolik des ausgestreckten Armes gen Himmel besonders tröstlich, war die Botschaft doch so leicht verständlich: Verstorbene sind im Himmel und dort geht es ihnen gut …
Es war selbstverständlich an jedem Abend ein wunderbarer Moment, wenn die Lichterkette angeschaltet wurde.

Das Fest verlief so weit »normal«, nur meinem Mann war es so gut wie nicht möglich, daran teilzunehmen, und nach dem Mittagessen fand ich ihn in untröstlichem Schmerz völlig aufgelöst im Schlafzimmer.

Ich erinnere mich nicht mehr genau, aber an einem der Weihnachten in den Jahren danach erhielten wir wieder ein Zeichen von Leifs Anwesenheit: Wir saßen mit den Kindern im Wohnzimmer und schauten uns einen Film an, als ganz plötzlich die Lichterkette am Weihnachtsbaum erlosch und einige Sekunden später wieder leuchtete, ohne dass es insgesamt einen Stromausfall gegeben hatte oder jemand von uns das Kabel der Lichterkette berührt hatte und vielleicht einen Wackelkontakt hätte auslösen können.
Wir verharrten zunächst verdutzt und schweigend und schauten uns an, aber die intuitive Verständigung untereinander war schon so weit gestärkt, dass wir wussten, dass dies ein Zeichen von Leif sein musste, und es stellte sich dieses Gefühl der Verzückung und Freude ein, Zeuge eines weiteren Beweises der »anderen Welt« gewesen zu sein. Solche Erlebnisse gaben uns jedenfalls wieder

tüchtig Energie – eine gute, starke Energie, wieder ein Weilchen im eigenen Leben weiterzumachen, mit Zuversicht und der Gewissheit, dass Leif für uns nicht ganz unerreichbar geworden war!

Ungefähr fast ein Jahr später erhielt Erik an seinem achten Geburtstag im September das wunderbarste Geschenk, das man sich vorstellen kann: Sein Bruder Leif erschien ihm morgens an seinem Bett. Erik berichtete mir später ausführlich und ganz gelassen, als sei es selbstverständlich gewesen, Leif gesehen zu haben, aber natürlich mit ehrfürchtiger Freude von diesem Wunder. Es muss in den frühen Morgenstunden gewesen sein.

Erik erwachte von diesem fluoreszierenden violetten Licht und erkannte fast augenblicklich die Silhouette und Gestalt von Leif, die in dieser Farbe schwach leuchtend direkt an seinem Fußende in ungefährer Lebensgröße stand. Leifs Kopf soll in einer goldenen ovalen Form geschimmert haben. Erik konnte sagen, dass er seinen Bruder so bestimmt eine gute Minute anschauen konnte. Er hatte dabei keine Angst empfunden, aber er war sich ganz sicher, dass es Leif gewesen war. Für uns alle war es ein herzergreifender Gruß, und Erik erinnert sich bis heute klar und deutlich an dies Ereignis.

Ich erinnere mich, dass ich Erik auch einige Zeit vorher schon gesagt hatte, er solle einmal darauf achten, ich sei sicher, dass Leif ihm zu seinem Geburtstag ein Zeichen geben würde. Mit einem Geschenk dieser wunderbaren Art hatte niemand gerechnet.

Ich habe oft gehört, dass gerade junge Kinder noch sehr offen und sensibel für Erlebnisse solcher Art sind, keine Angst haben und das Sehen von Verstorbenen und anderen Geistwesen als normal empfinden.

Die Lektüre all der vielen Bücher, die ich in den kommenden Jahren las, hat mir so sehr geholfen und mein Wissen und Verständnis der universellen Zusammenhänge enorm erweitert und bereichert.

Eines meiner ersten Bücher war »**Leben nach dem Tod**« von **Dr. med. Raymond A. Moody**. Ich verschlang alles, was mir Aufschluss und Trost darüber geben konnte, was Leif womöglich während und nach seinem Unfall widerfahren war, wie und ob und in welcher Form er gar weiterlebte.

Ich las in diesem Buch die Aussage eines Betroffenen, der nach einem Nahtoderlebnis zurückgekommen war:

»*Einige sagen, wir gebrauchen das Wort ‚Tod' nicht, weil wir ihm entgehen wollen. Aber in meinem Fall stimmt das nicht. Wenn man einmal den Tod erlebt hat, wie ich es getan habe, dann weiß man im Innersten: Es gibt gar keinen Tod. Man geht nur weiter von einem zum Nächsten – wie man weitergeht von der Grundschule zur Oberschule und zur Hochschule ...*«

Der Autor hatte von 150 verschiedenen Personen Berichte von ihren Nahtoderlebnissen gesammelt, und es gab mir erste Eindrücke von einer schönen und friedlichen außerkörperlichen Welt, die von Lichtwesen und grenzenloser Liebe erfüllt war. Menschen aller Nationen und Glaubensrichtungen erzählten von fast identischen Erfahrungen, und meine größte Sorge, dass Leif verwirrt und alleine aus seinem Körper gerissen in einer Dunkelheit umherirrte, wurde ein wenig erleichtert.

Immer wieder, kurz nach Leifs Hinübergang, hatte ich mir den Kopf zerbrochen, wer wohl dort sein könne, um ihn zu empfangen! Seine Großeltern lebten noch, einen geliebten Nenn-Onkel meinerseits hatte er nur als ganz kleines Kind gekannt; aus der Familie war noch niemand drüben. Ich sah Leif in meiner Vorstellung völlig allein in einem dunklen Raum an der Pforte nach drüben stehen und spürte eine schmerzhafte Verlassenheit. Es war grauenhaft!

In einem Buch von **James van Praagh**, »**Jenseitsbotschaften**«, fand ich eine weitere, überaus tröstliche Stelle, wo der Autor von Unfalltoten berichtet.

James van Praagh ist in den USA ein bekanntes Medium, der mit Verstorbenen Kontakt aufnehmen kann.

Auf Seite 99 (!) (dazu später mehr) bekam ich folgende Botschaft:
»... Ist die Todesursache ein Unfall, bei dem ein Geist buchstäblich aus seinem Körper hinauskatapultiert wird, steht in der Regel ein Verwandter, enger Freund oder Führer dem Neuankömmling beim Übergang bei, sodass dieser das Leben in geistiger Form schnell begreift.« ...
... »Manchmal erwacht ein Geist in einem Krankenhaus – das jedoch keinem irdischen Krankenhaus entspricht – und wird von einem Verwandten oder lieben Freund begrüßt, der den Geist willkommen heißt und ihm mitteilt, dass er bei dem Unfall gestorben ist.« ...

Oder in dem Buch »**Die blaue Insel**« beschreibt Estelle Stead, was sie von ihrem Vater über automatisches Schreiben vom Jenseits erfährt. Ihr Vater war mit der Titanic gesunken. Er erzählt:
»... Unzweifelhaft war die Farbe der Landschaft hellblau, in verschiedenen Schattierungen ...« »... Das Licht enthielte eine besonders starke blaue Strahlung, was diesen Ort auch gerade für den Aufenthalt erholungsbedürftiger Seelen besonders geeignet mache, da diese blaue Lichtschwingung wunderbar heilkräftig sei.« ...

Was zu dieser Zeit, als ich es las, auch ein sehr verwirrendes Gefühl des spirituellen Zusammenhangs in mir erzeugte, war die Tatsache, dass Leif in den letzten Wochen vor seinem Unfall einen Lieblingshit mit dem Titel »Blue« sehr oft hörte, ein poppiges, modernes Stück. Jetzt erst maß ich dem englischen Text wie elektrisiert meine Aufmerksamkeit bei: Der Sänger erzählt in seinem Song, dass er und seine gesamte Umgebung blau sind ...

Es war, als habe Leif auch hiermit in einer Art Vorhersehung schon eine Botschaft hinterlassen, die aber erst nach seinem Hinübergang richtig Wirkung erzielte.

Und wieder einmal erschauerte ich unter dem verwirrenden Glücksgefühl, direkt über die Bücher und andere Medien eine beruhigende Botschaft von Leif bekommen zu haben. Alle Mittel und Wege sind möglich, uns trauernden Hinterbliebenen Nachrichten zukommen zu lassen. Ich machte mir auch Gedanken darüber, wo Leif in der Komaphase war, denn sicher war ja, dass er zu dieser Zeit nicht verstorben war. Aber wo war er, schwebte er über seinem Körper oder war er bei uns zu Hause, konnte er uns sehen und hören? So viele Fragen beschäftigten mich.

Aber dass die irdische Zeit im Zustand einer außerkörperlichen Erfahrung keinen Bestand mehr hat, weiß ich mittlerweile auch schon. Sechs Tage Koma waren vermutlich der Bruchteil einer Sekunde ...?

Das Buch von **Betty J. Eadie, »Licht am Ende des Lebens«**, verwandelte in meinem Herzen den Schmerz in Freude und beantwortete einige dieser Fragen. Diese Frau verließ vor über 30 Jahren nach einer Operation für ca. acht Stunden ihren Körper und galt als klinisch tot.

In ihrem Buch beschreibt sie im Detail, was sie dann erlebt hat.

Sie beschreibt ihren »Tod« unter anderem so:

»... Ich bin tot«, dachte ich, »und niemand ist hier, der es bemerkt. Doch bevor ich mich bewegen konnte, erschienen plötzlich drei Männer neben mir. Sie waren in wundervolle, hellbraune Gewänder gekleidet ... Es ging eine Art Licht von ihnen aus ... dann bemerkte ich, dass auch mein eigener Körper ein sanftes Leuchten ausstrahlte und dass unser aller Licht zu einem gemeinsamen verschmolzen war ... Sie seien seit Ewigkeiten bei mir gewesen, so meinten sie ... Ich fühlte ihre Liebe ... Und dies erfüllte mich mit Freude, denn sie liebten mich so sehr ...«

Ich erfuhr bei späterer Lektüre in den Büchern von Neale D. Walsh aber auch, dass wir im Moment des Übergangs das sehen, was unsere irdische Glaubensvorstellung vom Jenseits war. Wir können Christus sehen oder Engelwesen, mit Sicherheit aber unsere lieben Familienangehörigen, die schon vorausgegangen sind. Aber niemals sind wir alleine und werden von Lichtwesen in größter Liebe empfangen.

Leifs Zeichen seiner Präsenz waren so häufig, dass wir fast »atemlos« wurden.

Seine Schwester Judith erlebte in den ersten Wochen besonders viel »unerklärliche«, aber auch so tröstliche Ereignisse, die die Nähe ihres Bruders unzweifelhaft deuten ließen. Immer wieder aufs Neue beeindruckt erzählte sie mir den Hergang der Begebenheiten:

Einmal saß sie in ihrem Zimmer und hörte Musik, wobei ihr ein bestimmtes Stück besonders gut gefiel und sie wollte es gleich noch einmal hören. Dazu hätte sie aufstehen und zum CD-Spieler hinübergehen müssen, weil er sich gegenüber des Schreibtischs befand, an dem Judith gerade saß. Aber kaum hatte sie den gedachten Wunsch, das Stück nochmals zu hören, zu Ende gedacht, setzte die Musik erneut ein und spielte dasselbe Stück wieder ab!

Es gibt eine Zufallswiedergabe an modernen Geräten, aber normalerweise wird ein Track nicht zweimal hintereinander abgespielt.

Judith befand sich in der ersten furchtbar schweren Zeit ohne ihren geliebten Bruder auch noch in den Weihnachtsprüfungen. Sie lernte für einen Test in Französisch drei verschiedene Texte, und einer dieser Texte sollte dann das Prüfungsmaterial liefern. In der folgenden Nacht träumte sie, sie solle einen bestimmten Text besonders gut vorbereiten, es war eine deutliche Information.

Später erzählte sie mir freudestrahlend, dass tatsächlich am Prüfungstag dieser Text gewählt worden und sie natürlich gut vorbereitet war.

Ich sagte ihr, ich sei überzeugt, dass Leif ihr diesen Traum geschickt habe.

Kann man sich vorstellen, welches Gefühl von Anwesenheit, Lebendigkeit und Verbindung zum »Verstorbenen« aufkommt, wenn man das Geschenk solcher Erlebnisse hat?

Leif hatte immer noch Anteil an unserem Leben in den alltäglichsten Dingen.

Besonders beeindruckend aber war die »Geschichte« mit Judiths Ohrstecker.

Judith suchte seit einigen Tagen einen kleinen Ohrstecker. Ein solch kleines Teil, den Stecker und das dazugehörige Verschlussteil zu finden, ist schon eine Glückssache. Es aber plötzlich mitten im Bett, fein säuberlich zusammengesteckt zu finden, war wieder einmal ein kleines Wunder! Sobald Judith angefangen hatte, danach zu suchen, lag der Ohrstecker kurz darauf auf dem Bett. Ich habe nie versucht, eine Erklärung zu diesen Vorkommnissen zu finden.

Das Gefühl und die Überzeugung, hier auf ganz besondere Weise Botschaften von Leif zu bekommen, war augenblicklich da und viel zu schön, um es überhaupt in Frage zu stellen.

»Es gibt mehr Dinge im Himmel und auf Erden,
Als Eure Schulweisheit sich träumen lässt.«
William Shakespeare

– 7 –

Zum ersten Weihnachtsfest ohne Leifs weltliche Anwesenheit erhielt ich aber sogar noch ein Geschenk von ihm! Judith hat mir später erzählt, wie diese wundersame Sache vor sich gegangen war. Sie war in einem Kaufhaus unterwegs gewesen, um auch für mich noch ein passendes Weihnachtsgeschenk zu finden. Sie war in der Medienabteilung unterwegs und wollte sich »inspirieren« lassen. Dabei hatte sie schon eine gewisse Idee und wollte nach einer CD schauen, die ich erwähnt hatte. Sie schaute herum und fühlte sich, wie sie es später selber beschrieb, wie von unsichtbarer Hand in eine Richtung geführt, die sie eigentlich gar nicht einschlagen wollte, bis sie vor einem Stapel mit eben genau diesen CDs stand. Sie kosteten das Stück damals noch 9,99 DM und es blieb ihr noch genug Geld, um selber auch noch etwas anderes für mich zu kaufen!

Für Judith wie für mich bedeutete diese Fügung, dass Leif sie ganz klar zu diesem Stapel CDs geführt hatte; der Preis unterstrich diesen Eindruck noch, und so hatte Leif dafür gesorgt, mir noch etwas zu Weihnachten zu schenken! Er konnte es ja nicht mehr vollständig selber tun, und so war Judith diejenige, die das Vorhaben in die Tat umsetzen konnte. Genial!

Die Zahl 9 hatte schon sehr bald für uns die Bedeutung eines gewissen Signals.

Die 9 oder 99 sollte zum Zeichen von Leifs Anwesenheit oder Begleitung oder als kleines »Hallo« seinerseits werden. Auf telepathische Weise hatte ich mit Leif die Abmachung getroffen, dass, wenn mir oder uns die 9 in auffälliger Weise begegnen würde, wir wüssten, dass er da oder in unserer Nähe ist oder an einer Begebenheit Einfluss gehabt hatte.

Zu seinen Lebzeiten war Leif schon immer stolz gewesen und

hatte sich darüber amüsiert, dass sein Geburtsdatum eine Rechenaufgabe war. Er war am 9.9.(19)81 geboren worden. 9 x 9 ergibt 81. Am 9.9.99 feierte er seinen 18. Geburtstag. Nachdem ich einmal in einem Numerologiebuch gestöbert hatte, entdeckte ich, dass die Quersumme dieses Datums wieder 9 ergab, und die 9 steht für Vollendung und die Beendigung eines Zyklus ...
Alles scheint einen so unheimlich spirituellen Sinn zu ergeben. Leifs Seele hatte schon mit seinem Geburtsdatum die Zeitspanne seines Erdenlebens festgelegt.
Jedenfalls für sein spezifisches Leben steckt darin für uns eine Botschaft.
So wird es im Buch von *Sylvia Browne,»Jenseitsleben«*, deutlich beschrieben:

»Wir wählen unsere Eltern und Geschwister ...«
»Wir wählen den Ort und den genauen Zeitpunkt unserer Geburt, was bedeutet, dass wir alle Details unseres Horoskops selbst bestimmen.« ...
etc.
»So stellen wir Schritt für Schritt, Atemzug für Atemzug, alle wichtigen und unwichtigen Momente des Lebens zusammen, zu dem wir aufbrechen wollen.« ...

Die tröstliche Botschaft solcher Lektüre ist unermesslich und gab, gibt mir bis heute immer wieder neue Kraft, ohne meinen Sohn in irdischer Anwesenheit doch mit ihm weiterzuleben und daran auch Freude zu haben. Oft habe ich in Gesprächen mit Freunden oder anderen Leuten die Gelegenheit gehabt, mich zum Thema »Leben nach dem Tod« zu äußern, wenn es die entsprechende Bereitschaft und den Raum für solche Gespräche gab. Ich vertrat immer meine Überzeugung, dass ich an ein Weiterleben nach dem Tod glaube und dass wir weiterhin Kontakt zu unseren Hinübergegangenen haben können, wenn wir das nur wollen.
Selbstverständlich gab und gibt es immer wieder viel Skepsis

unter den Menschen, und oft wurde mir die Frage gestellt, wie es möglich sein dürfe, dass ein so junger Mensch schon sterben sollte.

Ich habe immer wieder dieselbe Antwort: Wenn es nicht stimmt, dass wir alle und ohne Ausnahme auf der Seelenebene, bevor wir in das irdische Leben eintreten, wählen, wann wir geboren werden, wie lange und in welchen Umständen wir leben werden und wann wir auf welche Weise dieses Leben auch wieder verlassen werden ... dann wäre das Leben ein grausames, sinnloses Lotteriespiel, und mit Sicherheit wäre dieser »Gott«, der über dieses Spiel herrscht, ein herzloses, zynisches Wesen!

Aber was oder wer ist Gott?

– 8 –

»Gott
Leben
Liebe
Unbegrenzt
Ewig
Frei«

*»Es ist nicht Gottes Funktion, die Bedingungen oder Umstände deines Lebens zu erschaffen oder zunichte zu machen. Gott hat **dich** erschaffen nach seinem Ebenbild. Den Rest hast du erschaffen, durch die Macht, die dir von Gott verliehen wurde. Gott hat den Lebensprozess und das Leben selbst, wie du es kennst, erschaffen. Doch Gott hat dir auch die freie Wahl gegeben, mit deinem Leben zu verfahren, wie du willst …«*

Dies waren in etwa die ersten Erkenntnisse, die ich über die Bücher von N. D. Walsh von einem Gott hatte, die völlig anders, aber nicht neu waren, mir jedoch direkt und mit einem unbeschreiblichen Gefühl der Freude, ja fast Ekstase ins Herz und aus der Seele sprachen, Worte, zu denen ich voll und ganz Ja sagen konnte. Ja, ich fühlte die Wahrheit in diesen Aussagen, eine Wahrheit über die Existenz einer universellen und spirituellen Quelle, Energie, die immer da ist, nie versiegt und aus der wir schöpfen können, die wir dann Gott oder Allah oder Jahwe nennen.

Und so ist Gott gleich Leben, ist ewig, unbegrenzt, frei und Liebe!
Plötzlich ergaben die Dinge einen Sinn und passten zusammen. Wenn Gott Liebe und Leben ist, dann ist da kein Platz mehr für eine Hölle und das Fegefeuer, in die wir unvermeidbar hineingeraten, zur Strafe, weil wir Gott nicht gehorcht oder ihn mit unserem Handeln erbost haben. Ich erhielt Antworten auf Fragen, die ich

seit meiner Kindheit aus meiner katholischen Erziehung hatte und auf die ich keinen Reim finden konnte.

Wenn alles von Gott, von einer Quelle kommt, so begriff ich, sind wir alle, Mensch und Tier und Baum und Strauch, miteinander verbunden, weil alles letztendlich eine unterschiedlich schwingende Energie ist. Selbst die entfernten Sterne und Galaxien sind aus derselben Grundenergie, was längst schon wissenschaftlich bewiesen ist.

Energie geht nicht verloren, sie verändert nur ihre Form ... Und die Vorstellung, dass Leif nur seine sterbliche Hülle hiergelassen hatte, die innigste Essenz seines Seins, eines persönlichen Bewusstseins, aber immer da sein und mit uns verbunden sein könnte, erfüllte mein Denken mit einem Gefühl der Erleichterung, des großen Trostes und erneuter Ehrfurcht vor der Schöpfung.

Dies wiederum erklärt dann auch, ohne dass man glauben muss, dass es sich um Spinnerei oder Wunschdenken handelt, wie solche Ereignisse, die eine Präsenz oder ein Einwirken von Leif aufweisen, zustande kommen. Aus sehr vielen Quellen hat es schon immer geheißen, dass Gedankenkraft erschafft. Zuerst existiert ein Gedanke, eine Idee, und dies wird dann umgesetzt, sei es in Wort, Schrift oder Tat.

»Der universelle Geist ist nicht nur Intelligenz, sondern er ist Substanz, und diese Substanz ist die anziehende Kraft, welche durch das Gesetz der Anziehung Elektronen zusammenführt, sodass sie Atome bilden; die Atome wiederum werden kraft des gleichen Gesetzes zusammengeführt und bilden Moleküle; Moleküle nehmen gegenständliche Gestalt an, und so stellen wir fest, dass das Gesetz als schöpferische Kraft hinter jeder Manifestation steht, nicht nur von Atomen, sondern von Welten und dem Universum – von allem, von dem die Vorstellungskraft sich irgendein Bild machen kann.«
(Charles Haanel, 1866–1949, aus: »The Secret«, von Rhonda Byrne)

Mit äußerst lebhafter und energiegeladener Anwesenheit scheint es unseren lieben Hinübergegangenen möglich zu sein, uns Botschaften zukommen zu lassen oder an unserem Leben noch teilzuhaben, wann immer sie es für gut halten. Durch dieselbe Form von Gedankenkraft können auch sie Ereignisse bewirken oder Materie beeinflussen, die unsere Aufmerksamkeit auf sich ziehen.

Vier Monate nach Leifs Abschied war mein 40. Geburtstag. Mir war natürlich überhaupt nicht nach Feiern, und nur Renate, meine Mutter und meine Familie waren an diesem Tag um mich. Zu dieser Zeit brannte noch immer täglich und ständig in der Küche neben Leifs Foto eine Kerze, manchmal ein Grablicht oder eine einfache Stumpenkerze. Diesmal war es eine rote Kerze. Sie brannte den ganzen Abend vor meinem eigentlichen Geburtstag. Es wurde später als gewöhnlich, wir hatten lange geredet. Genau um die Mitternachtszeit wollten wir zu Bett gehen und ich wollte die Kerze in der Küche löschen.

Da sah ich, dass die Kerze an einer Stelle angefangen hatte auszulaufen, und am Fuße der Kerze hatte sich ein wunderschönes großes, wohlgeformtes Herz gebildet!

Vor Rührung griff innerlich eine große Hand um mein eigenes Herz.

Um Punkt Mitternacht war Leif der Erste, der mit größter Liebe zum Geburtstag gratulierte! Dies war im Augenblick uns allen im Raum klar, und meine Mutter und meine Freundin waren nicht weniger beeindruckt.

Ich löschte die Kerze, brach das Wachsherz ab und habe es bis heute sorgfältig behütet; es liegt schön wie am ersten Tag auf meinem Nachttisch neben meinem Bett.

Jedes Mal waren solche Vorkommnisse selbstverständlich ein unbeschreibliches Erleben und Wunder für uns, das uns wieder Kraft für einige Tage gab, die weniger von diesem quälenden Schmerz geprägt waren, dass Leif fehlte, und es überdeckte auch eine kleine

Weile die Zweifel, die wir im Stillen hegten, ob es überhaupt wirklich ein Leben nach dem Tod gibt ...

Diese Zweifel begleiten dich, aber mein Verstand weigerte sich, diese Zweifel und Gedanken dazu überhaupt erst Gestalt annehmen zu lassen. Irgendetwas tiefer in mir und in meinem Bauch war die stärkere Stimme, die mir zuflüsterte: »Leif ist da, er lebt, es geht ihm gut!« Es ist dein inneres universelles Wissen und deine Engel und Führer, die dann zu dir sprechen und dich einfach unterstützen wollen.

So sind dann auch alle möglichen Menschen, mit deren Mitwirken du überhaupt nicht rechnest, plötzlich wunderbare Helfer, Boten und Engel, die dir durch die liebevolle göttliche Hand zugeführt werden.

Sie trösten dich durch einen Anruf, ein Geschenk oder ein Gespräch.

Die Mutter eines engsten Freundes von Leif wurde eine Mittlerfigur, ohne dass es ihr bewusst war oder sie es beabsichtigt hatte. Eines Tages rief sie an und erkundigte sich nach meinem Befinden. Sie sagte mir, dass gegen 22 Uhr am Vorabend das Telefon zweimal bei ihr geklingelt habe. Als sie am Telefonapparat nachschaute, erkannte sie unsere Telefonnummer im Display des Gerätes. Nun wollte sie wissen, ob ich angerufen hätte. Nein, das hatte ich nicht! Nicht an diesem Tag – und dann begriff ich intuitiv sofort wieder: Leif hatte bewirkt, dass bei seinem Freund das Telefon nur zweimal klingelte und sie daraufhin erst neugierig werden mussten, was es damit auf sich hatte.

Als habe Leif gewollt, dass die Mutter des Freundes mir mit einem lieben Gespräch wieder ein Geschenk machte, mir Anteilnahme und Trost zukommen ließ.

Gleichzeitig wurde auch sein Freund beschenkt, der sehr beeindruckt von meinen offenen Erläuterungen über die möglichen Aktionen aus dem Jenseits war und sich sehr für unsere Erlebnisse mit Zeichen von Leif interessierte. Leif hatte oft viel Zeit in dieser

Familie verbracht, von daher passte die Vermutung, dass er gerade diese Frau inspirierte, mich anzurufen.

Dieselbe Frau hatte mir auch bei einem ihrer ersten Besuche nach Leifs Beerdigung eine hübsche quaderförmige, dezent oliv- und anthrazitfarbene Kerze mitgebracht. Die Kerze wurde nach oben hin schmaler und hatte an einer Seite ein hellgrünes Wachsblatt mit kleinen Blumen verziert.

Kurz danach hatte ich die Kerze an einem Abend für ein, zwei Stunden angezündet und löschte sie natürlich vor dem Schlafengehen. An einer Seite war die Kerze schon übergelaufen und hatte ein kleines Wachsrinnsal gebildet, dem ich aber an diesem Abend keine weitere Beachtung schenkte.

Erst am nächsten Tag verschlug mir die genaue Wahrnehmung der Kerze erneut den Atem, und sprachlos erkannte ich es: Aus einiger Entfernung hatte sich aus der Kerze eine Figur gebildet. Es war ein Engel im langen Gewand, der die Arme weit ausgebreitet hielt, und das Blatt an der linken Seite hatte sich zu seinem Schutzschild verformt. Das erstarrte Wachsrinnsal war zu üppigen Falten im Gewand des Engels geworden und durch die Hitze der Flamme war eben eine Ecke der Kerze heruntergebrannt, welches die anderen drei Ecken den Kopf und die beiden ausgestreckten Arme des Engels formen ließen. Auch war das Blatt genau in der oberen Spitze geschmolzen, sodass es jetzt wie ein perfekter Schutzschild aussah!

Wieder einmal empfing ich dazu im selben Moment die Information in meinem Kopf: »Es ist ein mächtiger Engel immer bei uns, der uns beschützt, und mag Leif der Engel selber sein.«

Das gezielte Herunterbrennen der Kerze und der präzise Zeitpunkt, wann ich ahnungslos die Kerze löschte, sind bewusst herbeigeführte Fügungen über die göttliche, allgegenwärtige, geniale Präsenz, derer sich unsere Verstorbenen offensichtlich und mit Sicherheit uns begleitende Engel bedienen können, um uns die unglaublichsten, aber unmissverständlichen Zeichen zukommen zu lassen!

In diesen Augenblicken begann ich langsam zu ahnen und zu spüren, dass wir in dieser Welt leben, aber nicht von ihr sind …

Unser so real erscheinendes Umfeld, in dem wir leben, ist wie ein perfektes 3D-Kino, in dem wir sitzen, nein, agieren, mit Brille und Kopfhörern, wo wir riechen, fühlen und schmecken können und so in die Handlung vertieft sind, mit ihr verschmelzen und überzeugt sind, dass dies die einzig »wahre« Welt ist und wir schlichtweg vergessen, in diesem genialen Kino nur eine Weile zu Gast zu sein, aber nicht Teil davon sind.

Unsere Lieben drüben, also Leif selber, bewirken solche Ereignisse und bedienen sich dazu aller Techniken, die möglich sind, um uns zu erreichen und uns zu trösten!

*

All diesen Trost, den ich schon erfahren hatte, die überzeugte Haltung, die ich zu einem Leben nach dem Tod hatte, begann ich mit anderen vom Leid getroffenen Familien und vor allem den Müttern zu teilen. Eine furchtbare Tatsache besteht darin, dass es immer wieder in all den Jahren vor und nach Leifs Autounfall viel zu viele dieser Art mit tödlichem Ausgang gegeben hat.

Viele junge Leute, im Alter zwischen 18 bis 30 Jahren, hauptsächlich die jungen Männer, ließen ihr Leben, meistens beim nächtlichen Nachhauseweg von einem »Ball«, wie es in den ländlichen Gegenden immer noch heißt, oder von einer anderen Veranstaltung.

Hauptsächlich war der Grund überhöhte Geschwindigkeit, aber oft war auch Alkohol im Spiel. Dieser traurige Tatbestand lässt sich nicht nur in den ländlichen Gebieten Belgiens beobachten, es ist offensichtlich ein generelles Problem, weltweit!

Unser Sohn Erik konnte dies bei seinem Auslandsaufenthalt in Oklahoma Jahre später leider auch berichten.

Immer war die Betroffenheit bei Freunden, Angehörigen und in der gesamten nahen Bevölkerung groß … doch das Drama schien nach einigen Monaten wieder in Vergessenheit zu geraten. Ich persönlich kenne mittlerweile nun schon viel zu viele Familien, die in den letzten 13 Jahren auch einen Sohn in Leifs Alter verloren haben.

Aber auch die anderen tragischen Verluste jüngerer Kinder, die nach schwerer Krankheit oder durch einen sonstigen Unfall gestorben waren, berührten mich immer besonders. Augenblicklich hatte ich die verzweifelten Eltern vor Augen, spürte dieses Gefühl des Schocks und des Unfassbaren und ertappte mich sogar bei dem Gedanken: »Mein Gott, wie können diese Leute so etwas ertragen?«

Erst dann realisierte ich, dass wir genau dies auch durchgemacht hatten!

Ach ja, ich hatte ja auch einen Sohn verloren.

Jedes Mal aber verspürte ich besonders den Drang, diese Familien aufzusuchen, oft am Tag des Abschiedsabends vor der Beerdigung des Verstorbenen, um Trost zu spenden, als Mutter, die weiß, was die anderen gerade durchmachen.

Ich wollte aber auch einen winzig kleinen Impuls der Hoffnung dort lassen, dass ihr geliebtes Kind nicht wirklich fort ist, je nachdem, wie die Situation es erlaubte und die Familie in der Lage war, es aufzunehmen.

Aber immer schon spürte ich eine enorme Dankbarkeit und ein Willkommenheißen von Seiten der Trauerfamilie, wenn sie erfuhren, dass auch ich ein Kind verloren hatte.

Manchmal, nach Wochen oder Monaten, traf man sich auf dem Friedhof, und ich frage dann immer die Betreffenden, wie es geht …

Dann tauschen wir uns aus und ich kann spüren, wie gut es den betreffenden Müttern tut, darüber sprechen zu können.

Einmal erzählte mir eine Frau, die ihren Sohn 19-jährig verloren hatte, wie sie in den ersten Monaten den Kontakt zu ihm über ganz persönliche Dinge suchte und auch brauchte. Sie nahm immer wieder einmal seine Schuhe, die er zuletzt getragen hatte, zur Hand, schob ihre Hände hinein, um mit den Fingern den Fuß- und Zehenabdrücken ihres Sohnes in den Innensohlen nachzuspüren.

Auf diese Weise fühlte sie sich ihm noch einmal für kurze Zeit »fühlbar« ganz nah.

– 9 –

Neuntes Kapitel ...

gute Gelegenheit, um noch einmal auf die unglaubliche Botschaftsfunktion dieser Zahl zurückzukommen, die immer wieder und bis auf den heutigen Tag, mittlerweile elf Jahre nachdem Leif uns verlassen hat, ihre Aussagekraft nicht verloren hat und in jeder Weise direkt Verbindung mit Leif zu uns verschafft, sei es als Morgengruß um 9.09 Uhr, weil mein Mann gerade wieder einmal sehr stark an ihn denkt und genau dann einen Blick auf die Uhr wirft, oder ich auf Sitz 9 A im Flugzeug sitze und ich den Hinweis bekomme, dass Leif mich begleitet, oder wie es vor einigen Wochen erst passierte, dass unsere Tochter Nora in ihrer Studienwohnung zum Bad ging und plötzlich eine kleine Plastikziffer 9 auf ihrem Unterarm entdeckte und beim besten Willen nicht erklären konnte, wie diese Ziffer und von woher auf ihrem Arm gelandet war!

Entscheidend ist natürlich auch das Gefühl, das immer ein jeder aus unserer Familie dann dabei hat: Leif ist der jeweiligen Person in diesem Moment sehr nahe und es ist einfach ein kleines Glücksschauern dabei ...

Ein sehr beeindruckendes und, mit Verstand betrachtet, eher absolut unlogisches Erlebnis mit dieser Ziffer hatte ich genau zum Jahreswechsel 2000/2001. Ich hatte diesen Silvesterabend bei meiner Mutter verbracht. Diese Zeit war natürlich noch immer von Trauer und Schwermut begleitet, war Leif erst vor gut einem Jahr von uns gegangen. Am Morgen des Neujahrstages war ich auf dem Weg zur Bäckerei, um frische Brötchen für das Frühstück zu besorgen.

Es hatte geschneit und in Gedanken versunken ging ich durch die Straßen.

Ich fühlte mich gerade wieder einmal sehr traurig und dachte darüber nach, wie leer sich dieser brandneue erste Tag dieses Jahres ohne unseren geliebten Sohn anschickte. Ich überquerte die Straße und mein Blick fiel auf etwas winziges Glitzerndes, das zwischen den Pflastersteinen lag. Ein Impuls ließ mich innehalten und es aufheben ... Es war die Ziffer 99 (!) aus Aluminium. Eine von diesen Deko-Streuartikeln, die man für Feste auf Tische verteilen kann. Eine 99, hätte es doch logischerweise diesmal eine 2000 sein müssen, passend zum neuen Jahr, wenn schon jemand seinen Tisch damit geschmückt hätte!

Ich stand wie vom Blitz getroffen und spürte nur wieder dieses unwirkliche Ahnen, dass Leif mir damit zu verstehen geben wollte, dass er da war, auch im neuen Jahr.

Diese winzige Aluminiumzahl gehört zu einem meiner größten Zeichen, die wir von Leif in all diesen Jahren bekommen haben, sollten doch noch unglaublichere folgen, und ich habe die Zahl auf den Rahmen seines Bildes, das in meinem Schlafzimmer steht, aufgeklebt.

– 10 –

Während ich nun zehn Jahre später hier sitze und diese Zeilen schreibe, hat sich in den letzten Tagen und Wochen Leifs Präsenz wieder verstärkt, so als wolle er aktiv an diesem Buch teilnehmen. Ich hatte in den vergangenen Jahren angefangen, spirituelle Heiler und Kinesiologen zu besuchen, hauptsächlich, um eigenen Fragen auf diesem Gebiet nachzugehen und Stresssituationen auf alternative Weise anzugehen. So hatte ich seit einigen Monaten eine äußerst intensive Heilbehandlung begonnen: Klangmassage mit tibetanischen Klangschalen, die auf verschiedene Körperpartien gesetzt werden. Dadurch werden körperliche, aber vor allem emotionale Spannungen auf faszinierende Weise gelöst. Die Frau, die diese Behandlungen macht, ist für mich ein Engel auf Erden, denn sie arbeitet auch tatsächlich mit Engeln zusammen.

In ihrer Gegenwart ist die heilende Energie so stark, dass ich dadurch bei mir eine neue Sensibilität erfuhr, die Fähigkeit der inneren Visionen. Genauer gesagt, sehe ich in der meditativen Entspannung vor dem inneren Auge sehr schnell helle Lichtwesen an meinen Seiten stehen oder auch schon einmal hinter mir sitzen. So geschah es dann vor nur ein paar Tagen, dass ich Leif während einer dieser Energiebehandlungen plötzlich vor mir kniend sah. In einem wunderbaren goldenen Licht leuchtend, lächelte er mich an und streckte seinen linken Arm nach mir aus. Er war deutlich reifer und erwachsener und strahlte Frieden und Sicherheit aus. Sein Anblick erschütterte mich zutiefst in unbeschreiblicher Freude, und unter geschlossenen Augen liefen mir die Tränen in Strömen die Wangen hinunter und mein Körper wurde von Schluchzern geschüttelt.

Es dauerte eine ganze Weile, bis ich wieder ruhiger wurde. Leif war immer noch da, erhob sich nun und trat nach hinten rückwärts zur meiner rechten Seite, während er mir mit dem rechten

Arm hinweisend den Blick auf eine sonnige schnurgerade Straße freigab, die sich im Horizont verlor. Augenblicklich verstand ich seine Botschaft! Er wollte mir helfen, den neuen Weg, der für mich frei und ohne Hindernisse vor mir lag, zu beschreiben, und er würde mir <u>zur Seite stehen</u>.
Die Therapeutin hatte es auch die ganze Zeit gespürt, dass mein Sohn anwesend war, und bestätigte, dass er mir helfen wolle.

Wenn man nach so vielen Jahren immer wieder Zeugnis von der Anwesenheit und der Nähe eines geliebten Menschen, seines Kindes erfährt, ist die Freude der Gotteserfahrung und das Gefühl des Geborgenseins im Universum mit Worten sehr schlecht zu beschreiben …

*

Es ist offensichtlich, dass, seitdem ich an dem Buch arbeite und wenn ich schreibe, die Präsenz von Leif sich deutlicher manifestiert. Er zeigt sich während meiner Heilbehandlungen in den Meditationen oder macht sich bemerkbar, wenn entsprechend spirituelle Energie um mich herum ist. So erlebten wir vor ein paar Wochen, als Renate ein paar Tage bei mir zu Besuch war, nach einem Gespräch über Leif und mein Buch wieder einen fantastischen Beweis seiner Anwesenheit, so als wolle er seiner Zustimmung Ausdruck verleihen.

Renate war in Eriks Zimmer hinaufgegangen, wo sie immer übernachtet, um eine Brille zu holen. Sie lag auf dem Schreibtisch, der sich auf der anderen Seite des Zimmers gegenüber dem Bett befindet. Der Kleiderschrank versperrt vom Tisch aus die Sicht auf die Nachtkommode neben dem Bett. Auf dieser Nachtkommode steht, über Eck an den Kleiderschrank gelehnt, ein Bilderrahmen mit Leifs Foto. Als Renate sich nun mit dem Rücken zum Bett am Tisch befand, hörte sie ein deutliches Klappen beim Bett. Sie schaute sofort nach und erkannte augenblicklich, dass Leifs Bild nicht mehr an den Schrank angelehnt stand, sondern nun gegen die Wand gelehnt war! Sie konnte sich genau an die vorherige Position des Bildes erinnern und es handelte sich um eine eindeutige Deplazzierung des Bilderrahmens. Er war nicht einfach zu Fall gekommen, was sehr oft geschah, denn dem Rahmen fehlte der Ständer an der Rückseite.

Sie kam herunter zu mir und beschrieb mir den Vorfall mit der entsprechenden Begeisterung, denn für Renate sind solche Ereignisse so selbstverständlich und wirklich und unzweifelhaft wie das »Amen in der Kirche«!

Ich war wieder einmal genauso fassungslos, aber gleichzeitig glücklich, dass sich erneut ein solches Wunder ereignet hatte und ich zum wiederholten Male daran erinnert wurde, dass wir der unsichtbaren Welt nach wie vor eine nur geringe Aufmerksamkeit beimessen.

– 11 –

Leif hatte den Eintritt ins neue Millenium und auch den Wechsel zum Euro nicht mehr miterlebt, worauf er schon mit Spannung gewartet hatte ... Zumindest hatte er noch die Sonnenfinsternis im August 1999 erleben können.
All das kam mir damals so ungeheuer gewichtig vor, etwas, das man unbedingt erlebt haben musste. Es schmerzte mich sehr, dass Leif keine Ausbildung angefangen, keinen Führerschein gemacht hatte, niemals eine große Liebe erlebt hatte und eine Familie gründen würde ... Aber wann hat ein Mensch genug gelebt, wann hat er genug »wichtige« Dinge erfahren? Was ist wichtig? In all den folgenden Jahren nach diesem schweren Verlust unseres Sohnes bin ich durch das Lesen unzähliger spiritueller Lektüre überzeugt zu der Erkenntnis gekommen, dass es dafür keinen Maßstab gibt – kein Mensch kann für einen anderen beurteilen, wann er genug gelebt, genug erfahren hat, ob sein Leben wertvoll war, was für ihn wichtig war. Unsere allzu irdischen, menschlichen Maßstäbe für ein gutes Leben sind in spiritueller Hinsicht und nach dem Plan der Seele überhaupt nicht von Belang ...!
Ich weiß nur, dass er uns alle so unermesslich beschenkt hat, im Leben ein Charakter, der aneckte, unbequem sein konnte, die Leute aus der Reserve lockte und vielleicht auch provozierte ... aber ganz wertvolle Eigenschaften, wie absolutes Mitgefühl, ein echter Freund und vor allem bedingungslos liebender Bruder zu sein, waren ihm offensichtlich schon in die Wiege gelegt worden.
Eine ganz intensive, starke persönliche Ausstrahlung wohnte ihm inne, die anscheinend die Menschen anzog wie Motten das Licht.
Eine der Lehrpersonen, die ein paar persönliche Worte zu seiner Beerdigung geschrieben hatte, brachte es mit folgenden Worten zum Ausdruck:

»… Leif war jemand, der nicht unbemerkt blieb. Für mich verkörperte er den puren Lebenshunger. Sein ganzer Charakter und seine Lebensenergie zwangen diejenigen, die mit ihm zu tun hatten, Position zu beziehen und zu reagieren. Zugegeben, ein kurzes Leben, aber voll und ganz gelebt!« …

Auch in dem kleinen Kondolenzbuch, das sich damals in der Totenkapelle für die Besucher befand, gab es zahlreiche schriftliche Bekundungen der Freunde und Klassenkameraden unseres Sohnes, die den schmerzhaften Verlust eines wahren Freundes zum Ausdruck brachten:

»Danke, dass du nie einen Unterschied machtest zu Freunden, die viel jünger waren als du …«
»… du warst immer da für uns, wenn es ein Problem gab, und brachtest uns wieder ein Lächeln zurück …«
»… Danke für alles, was du uns gegeben hast. Trotz deiner diskreten Art hast du einen unschätzbaren Platz in unseren Herzen und Leben eingenommen.«
»… du warst ein wunderbarer Freund …«
»… einer der besten Freunde, von denen man träumen kann.«

Eine ganz persönliche und verrückte Eigenart von Leif war sein Bedürfnis, unglaubliche Geräusche zu machen, und er konnte die Leute mit den komischsten Grimassen und Verrenkungen unendlich unterhalten und amüsieren. Er war ein echter Spaßvogel und hatte selber grenzenloses Vergnügen an diesen Dingen. Er hatte eine ganze Reihe eigener Wörter erfunden, die überhaupt keinen Sinn ergaben. So heimste er sich aber auch immer wieder mal Ärger und Strafen in der Schule ein, wenn er lauthals seine Quatschwörter über den Schulflur brüllte oder seine Freunde aus diesem Grunde im Unterricht einen unkontrollierbaren Lachkrampf hatten.

Auch liebte er es, rückwärtszusprechen.

So ergab es sich beim Frühstück, dass Leif um die »Rettub« oder »Effak« bat oder sich verabschiedete, weil er zum »Olk« gehen wolle.

Sein Opa hieß »Derfnam« und er verbrachte einige Zeit damit, das Abc zu sprechen ... Eigentlich keine besondere Sache, aber Leif beherrschte das Alphabet bis zum Buchstaben G, indem er es rülpste.

Ich muss zu meiner Schande gestehen, dass ich es nicht geschafft habe, entrüstet zu sein und Leif zu tadeln, im Gegenteil, ich und die gesamte Familie haben uns immer gebogen vor Lachen! Es war einfach zu komisch!

Diese Vorliebe zu solch rüpelhaften Verhaltensweisen konnten wir zum Glück dem Alter unseres Sohnes und dem damit verbundenen typischen »Halbstarkengebaren« eines heranwachsenden jungen Mannes zuordnen.

Uns war einmal sogar zu Ohren gekommen, dass Leif im Hause eines Freundes unten im Eingangsbereich einen so lauten Rülps von sich gegeben hatte, dass plötzlich aus der oberen Etage der dreijährige Bruder des Freundes vor Schreck schreiend angerannt kam, weil er glaubte, es befände sich ein losgelassenes Raubtier im Haus!

Was haben wir bei dieser bildlichen Vorstellung gelacht! Gerade diese Verrücktheiten haben viele gute und auch gebildete und wohlerzogene Freunde mit ihm geteilt und geliebt. Gerade diese Verrücktheiten fehlen uns heute noch.

Andererseits war Leif eher zurückhaltend und diskret, konnte sich außerhalb der Familie jedenfalls tadellos benehmen, und sein Hang, Schwächere und Außenseiter zu beschützen und sie wahrzunehmen, war Teil seiner unglaublich empfindsamen und auch schnell verletzbaren Persönlichkeit.

Leif war vielleicht ungefähr 16 Jahre alt, als er im Dorf Kontakt zu einem verwahrlosten, völlig sich selbst überlassenen, etwa gleichaltrigen Jungen knüpfte.

Das Schicksal dieses Jungen beschäftigte ihn sehr und er erzählte mir davon.

Miguel, so hieß der Junge, lebte offiziell mit anderen Geschwistern und seiner Mutter in einem kleinen Haus im Dorf. Aber offensichtlich kümmerte sich die Mutter nicht um diesen Sohn. Er hatte keinen Schlüssel zur Wohnung und war sehr oft die meiste Zeit auf der Straße, manchmal bis tief in die Nacht hinein.

Die Frau hatte nach Miguel noch Kinder aus einer zweiten Beziehung, kümmerte sich um diese wie eine normale Mutter, aber Miguel wurde total ausgeschlossen.

Wir waren ziemlich erschüttert. Leif fragte, ob er Miguel manchmal mitbringen dürfe. Natürlich konnte er das und Miguel bekam so manche einzige warme Mahlzeit bei uns.

Auch hatte er in Leif einen Freund und ein wenig Freude. Wie sehr Leif sich um diesen Freund kümmerte und dessen Belange ihn betrafen, zeigte uns schon seine Fähigkeit zu tiefem Mitgefühl und Nächstenliebe. Es erfüllt mich heute noch mit großem Stolz, wobei auch unsere anderen Kinder diese wunderbaren Eigenschaften haben.

Zum nächsten kommenden Weihnachtsfest bat Leif mich auch, Miguel einzuladen und ihm ein Geschenk zu machen, denn der Junge war tatsächlich auch am Weihnachtsabend alleine.

Solche Erinnerungen tragen auf jeden Fall zu meiner Überzeugung bei, dass Leif ein kurzes, aber so wertvolles Leben gelebt hat und vielen Menschen etwas geben konnte.

Heute denke ich, dass er schon eine »alte Seele« war, die eben hierher und zu uns in die Familie kam, um so viel zu bewirken und Veränderungen und Bewusstwerdung hervorzurufen.

Denn durch Leifs so frühen Heimgang kam ich zu der spirituellen Lektüre, um zunächst Trost zu finden, später immer mehr Zusammenhänge zu erkennen, zu begreifen, dass wir so viel mehr sind als »Menschen« in einem Körper, die eine Weile mehr oder weniger gesund oder glücklich, reich oder arm auf diesem Planeten verweilen und dann vielleicht einfach wieder durch den Tod verschwinden.

– 12 –

Leif begleitete uns in den folgenden Jahren auch in den Familienurlauben.

Ich glaube, es war im Sommer 2001, als wir mit meinem Mann und den beiden jüngeren Geschwistern nach Österreich in die Berge fuhren.

Judith war mit einer Freundin und Familie verreist.

Ich hatte den Aufenthalt in einem Hotel unseres Urlaubsortes Wochen vorher über eine Reiseagentur der Deutschen Bahn gebucht und reserviert.

Wir reisten mit dem eigenen Wagen an, es war eine schöne und beschauliche Fahrt über München mit Stopp am Starnberger See.

Wir erreichten am späten Nachmittag unser Ziel in Österreich, einen hübschen kleinen Ort mit wundervollem Wandergebiet.

Das Hotel fanden wir schnell und zum Einchecken parkten wir vor dem Eingang des Hauses. Mein Mann und Nora wollten im Wagen warten, während ich mit Erik die Anmeldung an der Rezeption erledigen und die Parkmöglichkeiten für unseren Wagen erfragen wollte. Einige Minuten später überreichte ich der Dame am Empfang unsere Reservierungspapiere für die beiden Zimmer.

Sie begann die Daten und Namen mit ihren Listen der Hotelbücher zu vergleichen.

Augenblicklich überkam mich ein seltsames Gefühl … eine Vorahnung, dass etwas Ungewöhnliches passieren würde. Die Angestellte prüfte schon eine ganze Weile und für mein Empfinden ungewohnt lange immer wieder die Reservierungslisten des Tages mit zunehmend ratlosem Gesichtsausdruck.

Ich dachte mit deutlich sicherem Gefühl: »Die findet uns nicht in der Liste.«

Aber gleichzeitig empfand ich auch keine besondere Beunruhigung, dass es nun keine Zimmer für uns gäbe.

Ich war absolut sicher, dass mit der im Reisebüro vorgenommenen Buchung des Aufenthalts in diesem Hotel alles in Ordnung war! Trotzdem hatte ich diese genauso starke Gewissheit, dass sich etwas Außergewöhnliches anbahnte.

Endlich wandte sich die Dame an der Rezeption an mich und sagte mir, dass sie mich unter besagtem Familiennamen nicht finden könne. Ich schlug ihr vor, sie solle unter meinem Mädchennamen nachschauen, denn oft nahm ich Reservierungen mit diesem Namen vor, weil er eben viel kürzer und einfacher war als der Familienname meines Mannes, den man immer buchstabieren muss. Aber auch darunter fand sie nach erneutem sorgfältigem Prüfen unsere Zimmerbuchung nicht.

Dann sagte die Dame mir schließlich mit einem Gesichtsausdruck der sichtlichen Unerklärbarkeit: »Ich habe Ihre Reservierung mit der entsprechenden Nummer hier unter dem Namen ‚*Bruder*' eingetragen. Sagt Ihnen das irgendetwas?«

Augenblicklich liefen mir die Schauer den Rücken hinunter. Erik und ich tauschten einen Blick und ich sah in den Augen des damalig erst neunjährigen Jungen, dass auch er sofort verstanden hatte, und ich antwortete betont sachlich und etwas ratlos vortäuschend, dass ich nicht wüsste, wie diese merkwürdige Buchung zustande gekommen sei …

In Wahrheit lief bei mir innerlich ein Strom von sich überschlagenden Gedanken ab!

Leif stand mal wieder förmlich hinter uns, ich sah ihn fast leibhaftig schelmisch grinsen und winken, nach dem Motto: »Hallo Mama, ich bin auch mit dabei!«

Ich war aufs Neue überwältigt von dem Einfallsreichtum der unsichtbaren Welt und unseren Lieben drüben, uns mitzuteilen, dass sie bei uns sind.

Wer heißt mit Nachnamen »Bruder«??

Und wie auch immer, es gab natürlich absolut keine logische Erklärung in diesem Moment, wie eine Buchung unter diesem Namen überhaupt zustande gekommen war. Uns beiden war einfach nur mit untrüglicher Gewissheit klar, dass gerade in besagtem Augenblick, an diesem Ort, einer von diesen Wundermomenten stattfand, der unser persönliches Leben so stark beeinflusste und wir etwas erlebten, das man nicht so einfach und plötzlich mit der Außenwelt teilen konnte, ohne als Verrückte dazustehen und die Leute zu verwirren.

So nahmen wir äußerlich gelassen zur Kenntniss, dass es wohl irgendwie ein Versehen bei der Reservierung bezüglich der Namen gegeben hatte, das aber glücklicherweise an dem Anspruch auf zwei Zimmer in diesem Hotel keinen Einfluss hatte.

Nach erledigtem Eincheck stürmten Erik und ich zum Auto und sprangen zum Erstaunen von Nora und deren Vater wieder in den Wagen, während ich nach Worten rang, um den beiden das gerade Erlebte wiederzugeben. Ich war mehr oder weniger noch zu sprachlos und überwältigt von diesem magischen Augenblick. Ebenso erging es meinem Mann, wobei die beiden Kinder wieder einmal eher gelassen wirkten, zwar äußerst zufrieden, aber es schien für sie eigentlich eine ganz normale Sache zu sein.

Am selben Tag fanden wir unseren Tisch, der uns für die gesamte Ferienwoche zur Verfügung stand, mit einer zugeteilten Nummer unter dem Namen »Bruder« vor. Gleichermaßen begleitete uns in dieser Zeit auch dieses entzückende Glücksgefühl, dass unser Sohn trotz der Realität, dass wir ihn nicht sehen konnten, nicht weit von uns ist.

Diese kleine Tischkarte ist natürlich eines meiner zahlreichen Schatzstücke, sorgfältig aufbewahrt in der Mappe mit all den schriftlichen Erinnerungen an Leif und den wundersamen Beweisstücken von seiner bleibenden Präsenz seit seinem Hinübergang.

Im Übrigen habe ich im Anschluss an den Urlaub niemals im Reisebüro nachrecherchiert, wie die wundersame Namensverwechslung zustande gekommen war.

*

Das verblüffendste und wohl magischste Zeichen von Leif erhielten wir während eines Kurzurlaubs auf Island im März 2008.

Mit Erik verbrachte ich fünf Tage auf dieser mystischen Insel, voll geheimnisvoller Kraftorte, reinster Energie in wilder, atemberaubend schöner Natur. Schon seit vielen Jahren war es eines meiner persönlichsten Anliegen gewesen, dieses sagenumwobene Land einmal zu bereisen und zu erleben.

Erst nachdem Leif gestorben war und ich durch das Lesen des spirituellen Materials mein Bewusstsein veränderte und einen neuen Blickwinkel auf mein Leben entwarf, entstand diese neue Lust, ja das Verlangen zu reisen, weil ich insgeheim spürte, dass ich dadurch wachsen und das Leben schlechthin erfahren konnte. Als die »Zeit reif« war, diese Reise nach Island zu buchen und durchzuführen, waren mir schon viele Dinge auf tieferer Ebene klar geworden.

Heute weiß ich, dass ich auch die Namen meiner Kinder, als ich mit ihnen schwanger war, von ihnen selbst übermittelt bekam. Der spezifische Name eines jeden meiner Kinder kristallisierte sich relativ schnell unter den wenigen möglichen heraus, und ich war mir stets so sicher, dass es genau der richtige Name ist!

»Leif« stammt aus dem Raum der nordisch/keltischen Länder. Bei Wikipedia ist Folgendes nachzulesen:

Leif Eriksson wurde vermutlich um 975 als Sohn Eriks des Roten *und seiner Frau* Thjodhild *(womöglich vor der Taufe Thorhild) geboren. Da die Landnahme in Grönland um 986 begann, ist bei dem vermuteten Geburtsdatum von einer Geburt auf Island auszugehen.*

__Leif Eriksson__ (isländisch: Leifur Eiríksson; * um 975 in Island; † um 1020) war ein isländischer Entdecker. *Sein Beiname ist »der Glückliche«.*

Zu dem Zeitpunkt, als ich mich im Jahre 1981 mit dem Vater des ungeborenen Kindes zu diesem Namen entschied, hatten wir überhaupt noch keine Ahnung von den möglichen Zusammenhängen und Fügungen, die auf weit höheren Ebenen als denen unserer dreidimensionalen Welt existierten und offensichtlich beabsichtigt waren und immer sein werden, nämlich dass eine Seele, die inkarnieren möchte, sich das weltliche Elternpaar aussucht und seinen gewünschten Namen inspiriert. Wir machten damals lediglich die Bekanntschaft mit einem jungen Mann, der diesen faszinierenden Namen trug, und wir waren beide einfach nur wie elektrisiert und wussten im Augenblick, dass unser Sohn (was ich intuitiv auch sicher wusste) Leif heißen solle! Seelengruppen finden sich in Familien und guten Freundschaften hier auf Erden zusammen.

Nur so kann ich mir erklären, warum auch diese unglaublich starke Verbindung zwischen Erik und seinem verstorbenen Bruder bis heute besteht, so als hätten die beiden sich einen Spaß daraus gemacht, sich in diesem Leben einmal in einer anderen Konstellation wiederzubegegnen, nämlich nicht als Vater und Sohn (Erik der Rote und sein Sohn Leif), sondern im 20. Jahrhundert als Brüder. Unter diesem Aspekt kann ich mir auch erklären, warum mein Mann und ich zur Zeit von Eriks »Entstehung« länger brauchten, bis eine Klarheit für einen möglichen Jungennamen da war. Ein Mädchenname stand schon einmal gar nicht mehr zur Debatte ...

Meine Wahrnehmung von der sogenannten inneren Stimme war zum damaligen Zeitpunkt auch noch schwach, bis ich aber diesen sich wiederholenden »Gedanken«, der sich wie ein leises Flüstern im Inneren meines Kopfes anmutete, gewahr werden ließ und ihm Gehör schenkte: »Nenn ihn Erik!« Es war ganz eindeutig eine direkte Anweisung oder Aufforderung, wie mir heute längst klar geworden ist. Es handelte sich nicht um ein von mir eigenständiges Hin-und-her-Denken bezüglich eines möglichen Namens. Irgendwie fand ich auch die Tatsache ganz originell, dass der geschichtliche Leif einen Vater namens »Erik« gehabt hatte. Somit ist es auch von Anfang an von Bedeutung gewesen, dass Eriks Name immer mit »k« am Ende geschrieben sein muss. Wie stark und überdimensional die beiden Brüder aber tatsächlich miteinander verbundenen sind, stellte sich erst deutlich nach Leifs Hinübergang heraus und hat bis heute das Leben von Erik auf beeindruckendste Weise begleitet und offensichtlich auch beeinflusst …

Als ich nun diese Reise relativ spontan organisierte und auch Erik sofort begeistert mit bei der Sache war, ahnte ich schon, dass wir nicht nur auf den geschichtlichen Spuren des berühmten Leif Eriksson wandeln und den Boden seines Geburtslandes berühren würden. Da war ein unerkläriches Gedrängtsein, ja eine Sehnsucht, auf diese Insel zu reisen, so als ob unser Leif darauf wartete, uns dort ein erneutes Mal besonders nah kommen zu können … Unsere Kinder waren ja auch mittlerweile mit meinen spirituellen Überzeugungen vertraut, sodass ich Erik auch an meinen Empfindungen und Vorahnungen teilhaben lassen konnte, ohne dass es ihn überfordert hätte. Auch er hatte ohnehin schon mit seinen 15 Jahren eine gute innere Stimme, der er lauschte. Anfang März war Island noch absolut winterlich und es herrschten Minustemperaturen. Darauf waren wir aber vorbereitet. Erik und ich bereisten mit einem Mietwagen einen kleinen Teil der südlichen Region der Insel, die zu dieser Jahreszeit noch gänzlich vom Tourismus verschont ist. Eine gut geplante und vorbereitete Reiseroute inklusive Übernachtungen machten die dreieinhalb Tage zur Entdeckung zu einem gelungenen Erlebnis. Wir sahen atemberaubende Wasserfälle, reißende Flüsse mit dem saubersten und blauesten Wasser, das wir bisher gesehen hatten, unendliche Weiten in karger Graslandschaft, wo ab und zu ein paar Häuser die Existenz von heutiger Zivilisation bewiesen. Ein besonderes Highlight war natürlich ein gewaltiger Geysir, der alle paar Minuten seine heißen Wasserdampffontänen hoch in den Himmel hinausstieß.

An einem Nachmittag unternahmen wir eine längere Wanderung zum Fuße eines Gletschers. Erik und ich waren die Einzigen, die unterwegs waren, und die Stille und die Einsamkeit dieses Ortes wurden zunehmend überwältigender. Als wir am Fuße des Gletschers angelangt waren, gipfelte dieses Gefühl in schiere Ehrfurcht, auch schon ein wenig mit Angstgefühlen gemischt im Angesicht dieses gewaltigen Naturphänomens, demgegenüber wir uns befanden. Dort am winzigsten Zipfel des Gletschers fühlten wir uns nur noch wie zwei kleine Ameisen.

Es war ein göttlicher Moment im absolut Außergewöhnlichen. Wir waren berauscht vom Ort und dem Bewusstsein, dort zu stehen. Die spirituellen Schriften heben immer wieder hervor, dass jeder Augenblick heilig ist und es nur das »Jetzt« gibt. Meistens entgeht uns die tiefe Wahrheit dieser Aussage im täglichen Tun und der Hektik unserer Zeit. Aber dann werden uns solche Momente geschenkt. Und wer dann offen ist, spürt und erfährt das Göttliche in seiner ganzen Herrlichkeit an solchen Orten besonders.

Wir verbrachten einen wunderbaren Tag in Reykjavik und entdeckten selbstverständlich das schöne Denkmal des Leif Eriksson und die nahe gelegene »Eriksgata«, womöglich die »Eriksgasse« übersetzt. Seltsam vertraute Gefühle der Verbindung begleiteten unsere Ausflüge. Die Energie der Insel tat ohnehin schon ihren Teil dazu, erzählen doch die Isländer selber vielerorts von der Existenz der Erdwesen, Trolle und Feen. Es ist bekannt, dass das Volk die Anwesenheit dieser Wesen achtet und akzeptiert. Deswegen wird auf Island auch nicht unbedacht überall gebaut, sondern die Bereiche der unsichtbaren Mitbewohner verschont und umgangen. Sagen und Legenden ranken sich um diese Tatsache.

An einem Tag fuhr ich mit meinem Sohn durch solch eine fast unheimlich wirkende Landschaft, wo anscheinend nur die Trolle zu Hause sind. Zum ersten Mal befuhren wir eine Straße, wo weit und breit kein Baum stand und uns niemand mindestens eine halbe Stunde lang begegnete!

Noch heute gehört diese Reise für mich und Erik zu den schönsten Erlebnissen in unserem Leben. Es ist mit Sicherheit nachzuvollziehen, denn die nachhaltigste Botschaft von der begleitenden Anwesenheit Leifs während unseres Besuchs auf der Insel wurde uns erst nachdem wir wieder zu Hause und bei entspannter Betrachtung der Fotos waren, gewahr.

Wir hatten während einer Fahrt von Wasserfällen und der hügeligen Landschaft zum Teil aus dem Wagen heraus Fotos gemacht.

Beim Betrachten der Bilder auf dem PC wurde ich stutzig ... Erik offenbar im selben Moment. Eine Aufnahme zeigt eine zer-

klüftete Grasebene an einer Felswand und einen vom Rand der Wand herabfallenden dünnen Wasserfall. Was sofort auffällt, ist der Aufnahmewinkel: Es scheint nicht von Bodenebene, sondern aus beträchtlicher Höhe aufgenommen zu sein, sozusagen aus der Luft … Man kann über das Felsplateau hinwegsehen …
Die Bilder vor und nach dieser Aufnahme sind deutlich erkennbar von Bodenhöhe aus aufgenommen.

Das absolut Unwirklichste an der Sache war aber auch die sichere Übereinstimmung von Erik und mir, dass wir uns nicht erinnern konnten, an dieser Stelle gewesen zu sein, geschweige denn diese Aufnahme gemacht zu haben! Erik hat im Übrigen ein fatal messerscharfes Gedächtnis von Orten, Geschehnissen und vielen sonstigen Dingen. Er hätte mir mit Sicherheit sagen können, wenn wir dort gewesen wären.

Wieder suche ich hier nach Worten, um dieses übermächtige Gefühl der Unwirklichkeit und gleichzeitig stiller Entzückung bezüglich dieser erneuten Offenbarung eines Zeichens von Leif zu beschreiben.

Denn dessen waren wir uns augenblicklich sicher. Es konnte nur eine neue Botschaft von ihm sein. Wir hatten dieses Foto aus der besagten Perspektive nicht machen können. Wir hätten schon an einem Gleitflieger hängen müssen …

Nach dieser Erkenntnis betrachtete ich einige Tage später danach das Bild nochmals genauer mit meiner sehr spirituellen Freundin. Sie kam sehr spontan auf die Idee, das Bild auch einmal komplett gedreht zu betrachten, sozusagen »auf den Kopf gestellt«, »verrückt« …

Wir betrachteten es intensiv … und in den Felsformationen offenbarten sich die Zeichen, die unser Auge nach und nach erblickte. Meine Freundin, die deutlich seherische Fähigkeiten hat, entdeckte das Wort »Mit«, »VIR«, die quer liegende 8, »∞«, das Zeichen für Unendlichkeit, und in der rechten Ecke des Bildes schließlich die Buchstaben »sm« … (??)

Sehr schnell ergab sich daraus für mich eine sinnige und herzergreifende Botschaft. Das läuft dann wie ein inneres Lauschen in meinem Kopf ab und ganz deutlich als eine Information, die zu mir kommt. So kam mir folgende Durchsage: »Mama, du hast vier Kinder, auf immer und ewig verbunden!«

Das sm steht auf sehr humorvolle Weise für »short message«: »kurze Botschaft«.

Nun, es gibt die Worte nicht, meine Freude und Sprachlosigkeit bezüglich des Einfallsreichtums des Universums, wie sie uns Botschaften zukommen lassen können, zu beschreiben.

*

Im Sommer 2008 verreisten wir auf die schöne griechische Insel Zakynthos. Mein Mann, Erik und Nora mit ihrem Freund waren mit von der Partie. Judith war zu dieser Zeit mit Freunden unterwegs.

Wir verbrachten eine wunderschöne Woche auf dieser sehr natürlichen Insel und genossen in vollen Zügen die Muße und das Faulsein. Wir badeten im türkisblauen Meer und für mich war es ein persönliches Highlight, mit Taucherbrille und Schnorchel, was ich zum ersten Mal ausprobierte, unter mir im kristallklaren warmen Wasser die bisher unentdeckte Welt des Meeres und das Leben vielfältiger Fische beobachten zu können!

Ja, ich empfand es wirklich als einen sehr göttlichen Moment, in eine Welt zu schauen, die mir bisher vollkommen verborgen war, weil ich nie die Gelegenheit dazu gehabt hatte, und doch war diese Welt absolut real und immer da gewesen.

Dies empfand ich auch deshalb so stark, weil ich in den neun Jahren, die nun seit Leifs Abschied vergangen waren, absolut zu einem weitaus größeren Bewusstsein und Verständnis von der Welt, dem Kosmos und den unsichtbaren »Welten« gelangt war. Ich war so glücklich und dankbar, dieses Paradies erleben zu dürfen in dem völligen Gewahrsein, dass all diese Orte und Wesen sich auf unserem Planeten befinden, wir mit ihnen verbunden sind und wir füreinander Sorge zu tragen haben.

Dieses Gewahrsein ist in all den Jahren stetig gewachsen, durch immer neue spirituelle Lektüre. Die Erkenntnis, dass das Leben ein nie endendes Geschenk ist, hat Leif mir und mit Sicherheit auch seinen Geschwistern, so makaber dies jetzt anmuten mag, erst durch seinen »Tod« so deutlich gemacht!

Ich konnte das Leben und seine unendliche Mannigfaltigkeit wieder genießen, intensiver, als ich es je vorher getan hatte.

Auf Zakynthos gibt es die wichtigsten Brutplätze der großen Meeresschildkröte »Caretta«.

»Die Organisation STPS – Seaturtle Protection Society of Greece – stellt im Sommer ehrenamtliches Personal, um die Gelege 24 Stunden am Tag zu überwachen« (von der Internetseite www.zakynthos.net.gr).

Wir konnten täglich miterleben, wie diese Aufgabe gewissenhaft ausgeführt wurde, und schon gegen 18 Uhr wurde der Strand gesperrt, weil die Schildkröten nachts an Land kommen, um die Eier abzulegen.

Bei täglich meistens bis zu 40° im Schatten gingen wir oft erst am frühen Nachmittag an den Strand. An einem Tag statteten wir der kleinen Ausstellung über die Meeresschildkröten, die sich beim Strandareal befand, einen Besuch ab.

Es gab Filme und Berichte zu sehen und man konnte hübsche kleine und nützliche Dinge kaufen. Der Erlös des Verkaufs kam der Schutzorganisation zugute.

Mein Mann war herumgeschlendert und bei kleinen Arbeiten aus Holz stehen geblieben. Ich kam dazu und wir entdeckten es beide im selben Augenblick: einen kastenförmigen kleinen Tischkalender, der dreiwandig gestaltet und an einer Seite offen war, mit mobilen Holzelementen versehen. Eine feine Schnitzarbeit, die die Schildkröte darstellte, verzierte die Längsseite.

Die Holzteile im Kasten waren mit folgendem Datum ausgestellt: Die beiden oberen Würfel zeigten die Zahlen 09 und das untere lange Holzelement den Monat »September«!

»Helloo!« Schönen Gruß von Leif! ... Es war wieder der Hammer. Wir waren mitten im August dort, kein Zusammenhang mit dem Datum. Ja, an Zufälle glaubten wir schon lange nicht mehr, selbst mein Mann nicht!

Dann steht man da, der Raum wird weit und die Realität um einen herum wird unscharf, es ist, als würde man in eine andere Wirklichkeit gezoomt, wie in einem Film, wenn die Produktionstechniker zu diesen genialen Trickmitteln greifen, um darzustellen, wie eine Person mit ihrem Bewusstsein in eine andere Dimension verschoben wird: Die Kamera zoomt und der Handlungshintergrund um den Darsteller verschwindet – der Zuschauer begreift: Hier geht jetzt etwas Sonderbares, Außergewöhnliches ab.

All diese Vorfälle weisen im Laufe der Jahre immer wieder verblüffend deutlich dasselbe Phänomen auf:
Wir hatten keinerlei Ahnung von der Fügung, wie ich es nennen möchte, keine Erwartungen auf irgendwelche Zeichen, und meistens hatten/haben die Ereignisse einen sehr subtilen Charakter.

Ich möchte behaupten, dass man geführt wird, genau an diesem Tag an einem bestimmten Ort zu sein oder hinzugehen oder zu einer ganz bestimmten Stelle hinzuschauen, wie eben diesmal auf besagten ziemlich kleinen Tischkalender inmitten vieler anderer Objekte.

Selbstverständlich haben wir genau dieses »Souvenir« gekauft, wobei auch dieses Wort eine tiefere Bedeutung erhält. Seitdem steht der kleine Holzkalender in unserem Bad.

Es gibt zahlose Berichte von Menschen zu Fügungen und Führungen dieser Art in esoterischen Büchern. Meine eigene Wahrnehmung hat sich im Laufe der Jahre so verfeinert, dass ich in solchen Augenblicken die Präsenz von Leif auf hellfühlender Ebene und einer Form von innerer Schau spüren kann: Er steht hinter mir oder nah im Raum, vor dem inneren Auge sehe ich ihn wesentlich größer, als er damals war, er leuchtet weiß gekleidet und strahlt Freude, Frieden und eine nicht irdische Reife aus. Auch spüre ich eine körperliche Nähe, Wärme, so als ob jemand sehr dicht hinter mir steht.

In den letzten zwölf Jahren habe ich viele Formen von Heilung und persönlicher Entwicklung durchlebt. Durch die Notwendigkeit, Leifs »Tod« zu verarbeiten, habe ich mich mehr und mehr für alternative und ganzheitliche Heilmethoden interessiert und geöffnet. Die Tatsache, dass wir Wesen aus Körper, Geist und Seele sind, ist meine unumstößliche Wahrheit geworden.

Diese Erkenntnis hat meine Sichtweise auf das Leben komplett verändert. Die für mich stimmigste Aussage über mein (Er-)Leben ist bis heute, dass es sich nur unendlich bereichert, erweitert und verbessert hat, in jeder Hinsicht!

Auf meiner Bewusstseinsebene bin ich mit allem verbunden, mit Mensch, Tier und Natur, es gibt Engel und Erdwesen und unsere »Verstorbenen« auf der Seite der körperlosen Dimension in vollster Freude und Lebendigkeit.

Mittlerweile kenne ich meine persönlichen Engel und Geistführer, die ich auch bei Meditationen vor dem inneren Auge deutlich wahrnehmen kann, und ich kann meistens genau unterscheiden, wann ich einen direkt von meinem Engel eingegebenen Hinweis erhalte oder einen eigenen Gedanken habe.

Ich achte und pflege meinen Körper und ernähre mich mittlerweile fast ausschließlich vegan, mit dem motivierenden Ergebnis, dass ich zehn Kilo an Gewicht verloren habe.

Ich bin heute im Alter von 52 Jahren frischer, verjüngter und gesünder an Körper und Seele, als ich es vorher, vor Leifs Tod, gewesen bin!

Ich wage es auch an dieser Stelle klar und deutlich zu benennen:

Leif ist sehr früh aus dieser Welt von uns gegangen und hat mir und gewiss vielen anderen damit ein unermessliches Geschenk gemacht: Er hat mich mir selbst zurückgegeben.

Und im übertragenen Sinne passiert, was passiert, wenn man einen Stein in einen stillen See wirft ... Sehen Sie die Kreise, die es zieht und die sich immer weiter und weiter ausdehnen ...?

Vielleicht gibt es jetzt den einen oder anderen LeserIn, die an dieser Stelle eine gewisse Befremdung empfinden oder gar geschockt sind, dass »eine Mutter so etwas sagen kann.

Aber mit dem Hintergrund der Erkenntnis, dass wir nicht getrennt sind von unserem Sohn/Bruder, er weiterlebt und wir es vor langer Zeit auf höherer Ebene schon vereinbart hatten, ergibt das Ganze wieder einen berauschend schönen Sinn und verliert seine Schrecken und die untröstliche Trauer.

Durch die viele Zeichen von Leifs Anwesenheit, die Wunder und mein persönliches spirituelles Wachstum ist die Trauer einer absoluten Gelassenheit und einer stillen Freude gewichen, dass alles, was sich ereignet, perfekt läuft, immer in unserer eigenen Verantwortung und unserem Handlungsvermögen bleibt und wir niemals irgendwelchen äußeren Einflüssen oder gar höheren Mächten ohnmächtig ausgeliefert sind.

»Seelenverträge entstehen unter den Seelen, die der gleichen Seelenfamilie angehören. Seelenfamilien sind Seelen, die immer wieder zusammen inkarnieren und sich in jeder Inkarnation die Möglichkeit geben, sich zu heilen. Vor jeder Inkarnation finden Absprachen statt, wer was machen möchte.« ...

»Der Tod des eigenen Kindes führte zu spirituellem Wachstum und lässt die Eltern lernen, dass die Seele unsterblich ist. Sie finden ihren Weg, ihre wahre Berufung, können erwachen und erkennen den Tod ihres Kindes als Geschenk.«
(Aus dem Buch »Seelenverträge« von Leila Eleisa Ayach)

Hier kommt die Ebene unserer Einbindung ins »Universum« ins Spiel, das Göttliche in uns, das praktisch unsere gesamte Realität gestaltet, je nachdem, was für ein Gedankengut uns prägt.

Auch eine Thematik, auf die ich später noch näher eingehen möchte.

– 13 –

Die Jahre vergingen, wir leben weiter.
Die Kinder wurden junge Erwachsene und verließen das Haus, um ihren Studien und Ausbildungen nachzugehen. Es gab viel Veränderungen, im kleinen und im großen Rahmen.

Doch immer wieder und noch gibt es unglaubliche Erlebnisse, in denen wir Zeugnis von unserer immerwährenden Verbundenheit mit Leif erhalten.

Vor einigen Jahren saßen wir, wie es bis heute üblich ist, bei einer Feierlichkeit an reich gedeckter Kaffeetafel mit der ganzen Familie, mit Onkeln und Oma zusammen und es wurde »von Gott und der Welt« erzählt. Dann wird immer viel gelacht und so manche Anekdote wird zum Besten gegeben.

Ich weiß nicht mehr, wie die kleinen Kaugummis auf den Tisch gekommen waren, die in der Verpackung noch ein »Tattoo-Bild« haben, das man mit Wasser anfeuchtet und sich dann auf den Arm kleben kann. Zu Kinderzeiten waren es immer heiß begehrte Vergnügen gewesen, an die sich unsere »Großen« nun auch an diesem Tag wieder erinnerten.

Speziell zu diesen Tattoos hatte Erik eine Geschichte zu erzählen, die ihn zutiefst mit Leif verbindet. Damals hatten ihn die Geschehnisse offensichtlich sehr beeindruckt und sogar geängstigt, wie sich in seinen Schilderungen wieder herausstellte. Als kleiner Junge liebte er, wie bereits erwähnt, diese Kaugummi-Tattoos auch besonders und verschönte sich, wann immer er eines hatte, damit seine Arme. Leif war sein großer Bruder, sein Idol und Vorbild, und was der Bruder sagte, war heilig.

Allerdings nutzte Leif seine Rolle auch, wie es wohl alle großen Brüder tun, dazu, den Kleinen zu beeindrucken und ließ eines Tages, als Erik gerade wieder frisch »tätowiert« war, die Bemerkung fallen, dass, wenn dieser sich zu oft solche Tattoos mache, er Hautkrebs bekommen könne. Erik erfasste eine gewisse Panik und er beeilte sich, das aufgebrachte Bild am Arm unter Wasser mit Seife wieder schleunigst zu entfernen. Er schrubbte sogar mit einer Nagelbürste, bis die Stelle am Arm rot gebürstet war. Erik erinnert sich, dass er geweint hatte, aus Angst, nun Krebs zu bekommen!

Während er gegenwärtig bei Tisch diese Geschichte erzählte, wickelte er das Papier seines Kaugummis ab, feuchtete es mit Wasser an und klebte es sich auf den Arm, fast wie ein Ritual, um die Erinnerung dieser Geschichte zu bestärken, natürlich mit dem größten Vergnügen.

Sprachlosigkeit erfasste uns, hauptsächlich mich und die Geschwister, als Erik nach Abziehen des Papiers vom Arm begriff, was das kleine Bild darstellte:

einen Krebs! ... und was noch verblüffender war, der kleine Schriftzug darunter: »Le grand frère«, zu Deutsch: »Der große Bruder«!!!

Dazu gibt es absolut keine logische Erklärung, warum ausgerechnet unter der Abbildung des Krebses dieser Titel stand. Wäre es eine Sternzeichenabbildung gewesen, hätte vielleicht die Zeitspanne des Tierkreiszeichens in Zahlen daruntergestanden.

Aber wir begriffen augenblicklich. Ich sah Leif uns förmlich zuzwinkern, der auch jetzt noch und wieder einmal seinen »kleinen« Bruder auf die Schippe nehmen wollte. Es entsprach tatsächlich auch dem typischen, manchmal sehr speziellen Humor unseres Sohnes.

Der Krebs erhielt in diesem Kontext die doppeldeutige Funktion, nämlich auch der Krebs als Krankheit, worum es ja hauptsächlich in Eriks Geschichte ging.

Entscheidend für das Erkennen eines Mitwirkens aus der geistigen Ebene war auch die Tatsache, dass Erik zuerst die Geschichte über das Kaugummi-Tattoo erzählt und danach das Abziehbild ausgepackt hatte. Wir wussten ja gar nicht, was sich in der Verpackung verbarg!

Solche Erlebnisse gehören zweifellos zu den bemerkenswertesten in unserem Leben mit »Leif in der anderen Welt«.

Darüber hinaus scheint Erik eine besonders intensive und nachhaltig starke Verbindung zu Leif zu haben. Es ist, als inspiriere und begleite der große Bruder ihn. Das erklärt mir wiederum auch die Verbindung über die Namen der beiden, die ja schon in der weit zurückliegenden Geschichte fundiert ist, als Vater und Sohn.

Erik war siebenjährig, als Leif von uns ging. Sehr bald machte er Basketball zu seinem Lieblingssport und besuchte mehrere Jahre Sportcamps am selben Ort wie sein Bruder. In der Jugendzeit war sein Wunsch, Astrologie zu seinem Beruf zu machen, sehr stark. Auch dies war Leifs erster Berufswunsch.

Erst vor kurzem, als Erik sich klar zu einer Ausbildung zum Toningenieur entschied und diese heute mit viel Freude und Erfolg verfolgt, wurde uns klar, dass all diese Dinge auch Leif machen wollte!

In keinster Weise haben wir je Erik dazu gedrängt, etwas suggeriert oder forciert. Alles ergab sich aus seinem natürlichen Wunsch heraus, wobei es so scheinen mag, als unterstütze Leif ihn besonders, als wolle er sagen: »Mach du es! Auch daran hab ich meine Freude.« Es ist, als schaue Leif seinem Bruder über die Schulter und freue sich an den Ergebnissen, denn was Erik angeht oder realisieren möchte, läuft so gut wie immer perfekt ab und ist von Glück gesegnet.

Aber auch die Schwestern gehen ihren guten Weg, die Studien sind hervorragend, wobei die Mädchen eben ihre eigene Art hatten, die Dinge zu verarbeiten.

Erik zeigt vielleicht öfter und offensichtlicher seine tiefe Verbindung zu seinem Bruder, weil er so ist. Dies demonstrierte er auch an seinem 18. Geburtstag, am Tag genau, auf eine sehr persönliche und berührende Weise ...

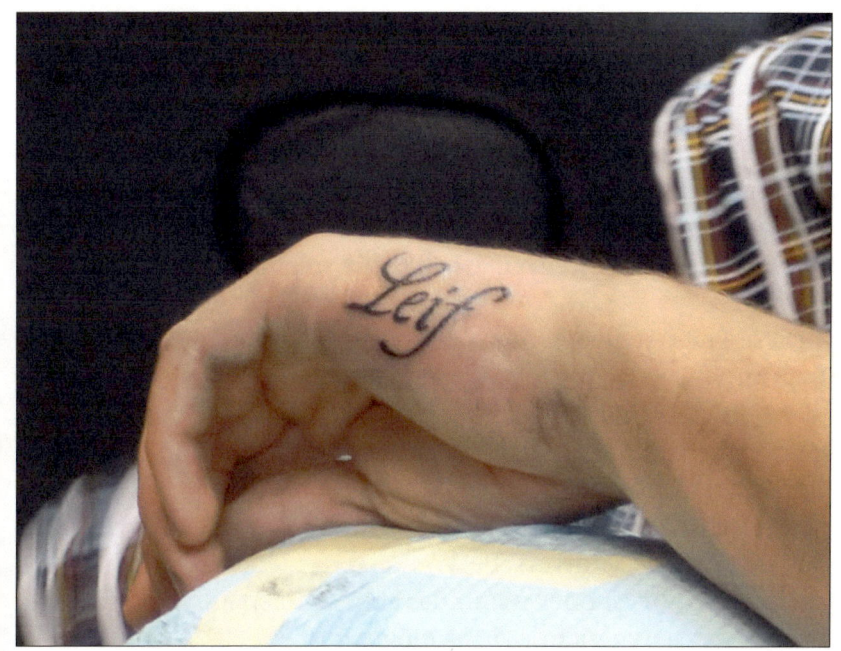

Zu dieser Zeit, im September 2010, befand Erik sich in Oklahoma in einer Gastfamilie im Rahmen eines zusätzlichen Schuljahres in der High School zur intensiven Verbesserung der englischen Sprache.

    Diese Maßnahme war auch ausschließlich auf Eriks Motivation hin entstanden und durchgeführt worden. Die zehn Monate in der tollen Familie erwiesen sich von Anfang bis Ende als unschätzbare Erfahrung voll von Highlights und wunderbaren Erlebnissen.

    Dazu zählte für Erik auch die schon lange geplante echte Tätowierung des Namens seines verstorbenen Bruders in die linke Handkante.

    Geschickt umging er damit jeglichen Protest seines Vaters, indem er weit weg und volljährig war. Wir erblickten das Foto im Internet und selbst Eriks Vater war trotz aller Aversion gegen Tätowierungen nur zutiefst berührt von der Demonstration großer Liebe für seinen verstorbenen Bruder …

– 14 –

Es wird immer Skeptiker geben, die jedwede Existenz von außersinnlicher oder jenseitiger Welt ausschließen und es als schlichten Schwachsinn abweisen. Alles, was wissenschaftlich nicht hieb- und stichfest nachweisbar ist, hat für solche Menschen keinen Bestand.

Diese Frage stelle ich mir schon lange nicht mehr. Ich habe mit Beginn von Leifs Tod und der Suche nach Trost die Erfahrung gemacht, dass sich das Feld der Beweise für ein Weiterleben nach dem irdischen Tod verdichtete, sei es durch Literatur und eigene Erlebnisse.

Sehr schnell öffnete sich mir ein inneres Gespür, oder vielleicht das sogenannte »universelle Wissen«, das jeder in sich trägt, ob es ihm gewahr ist oder nicht, das mir sagte: »Lass es einfach zu, nimm es an, frag nicht, wie es möglich ist.«

Entscheidend ist letztendlich nur, ob es für den Einzelnen Sinn macht, ob es sich gut anfühlt, und schließlich, ob es heilt!

Neale D. Walsh sagt sinngemäß in einem seiner Bücher: »**Alles, was für dich funktioniert, ist gut. Wenn du etwas in deinem Leben prüfen willst, schau dir einfach an, ob es funktioniert.**«

Diese Einsicht ist auf alle Bereiche im Leben übertragbar.

Und was ist dagegenzusetzen, wenn das Erleben all der »Wunder« mit meinem verstorbenen Sohn unsere Familie hat gesunden, wieder Mut schöpfen lassen und uns schließlich bereichert hat, uns zu Menschen mit einem größeren Gewahrsein gemacht hat, die wieder Freude und Spaß haben können, vielleicht bewusster als je zuvor?

Die Zeichen von Leifs Anwesenheit sind in den letzten Jahren natürlich nicht mehr so häufig vorgekommen, wobei ich nicht ermessen kann, ob es unsere Aufmerksamkeit ist, die sich wieder verstärkt mehr den alltäglichen Dingen und Aufgaben zugewendet hat oder ob wir es nicht mehr so brauchen, was ja auch ein gutes Zeichen ist, aber sicher ist, dass wenn ich oder wer auch immer aus der Familie in Gedanken Kontakt zu Leif aufnehmen möchte, ist die Verbindung spürbar.

Darüber hinaus gab es aber auch immer wieder noch Erlebnisse solcher Art, die auf eine offensichtliche Initiative seitens unseres Sohnes schließen lassen.

Meinem Mann, der in all den Jahren am stärksten getrauert hat und diese Traurigkeit wahrscheinlich mit sich trägt wie eine körperliche Narbe, gibt Leif immer wieder noch kleine Grüße, die mein Mann ganz speziell für sich deuten und annehmen kann. So kam es wiederholt vor, dass, wenn mein Mann morgens auf die Uhr schaute, es 9.09 Uhr war, oft im Zusammenhang mit Traurigkeit oder Sorgen, die er dann gerade hatte.

»Ja ... Zufall!« ... Aber meinem Mann ging es dann sogleich etwas besser.

Sehr häufig spielen mehrere Faktoren und Personen beim Zustandekommen eines solch wohltuenden Ereignisses eine Rolle, wie es am 23. September 2010 der Fall war.

Die 23 war damals Leifs absolute Lieblingszahl, die Zahl auf dem Trikot des legendären Ausnahmebasketballers »Michael Jordan«, Leifs Idol und natürlich später auch lange Zeit Eriks.

Ich wiederum bestelle mir seit einigen Jahren aus Amerika spirituelle Abreißkalender mit inspirierenden Zitaten und Weisheiten für jeden Tag in englischer Sprache. Ich liebe diese Kalender, eine Quelle der täglichen Bereicherung.

An diesem besagten Kalendertag stand Folgendes auf dem Blatt:

»*Dreams count, the spirits have pitied us and guided us.«*
Have we paid attention to our dreams? They teach us so much.

Zu Deutsch: »Träume zählen, die Geister haben Mitleid mit uns gehabt und uns geführt.«
Haben wir auf unsere Träume geachtet? Sie lehren uns so viel.

Unabhängig davon und ohne dass mein Mann von diesem Text wusste, erzählte er mir morgens einen Traum, den er mit ergriffener Berührtheit in lebhafter Erinnerung behalten hatte:
Er befand sich in einer Art dunklem langem Schacht, stand auf einer Leiter und fühlte sich ohnmächtig, sich weiter nach oben zu bewegen, dort wo Licht und Luft waren ... Dann spürte und sah er Leif hinter sich, der ihn energisch stützte und nach oben drückte.
Die größte Freude bestand für Leifs Vater darin, seinen Sohn im Traum erlebt zu haben. Ich machte ihm darüber hinaus erst nachträglich bewusst, welch tiefe Bedeutung dieser »Traum« hatte, zumal mir augenblicklich gleichzeitig klar wurde, dass die Aussage auf dem Kalenderblatt eine zusätzliche Bestätigung war, dass Träume im Grunde genommen oftmals echte Begegnungen auf der feinstofflichen Ebene sind!

Und hier verlässt das Geschehen die menschliche Logik, ein Konstrukt aus Fügungen in scheinbar verschiedenen Zeitebenen erschafft das Erleben von unerklärlichen Zusammenhängen und doch so einzigartigen, ganz individuellen Botschaften!

Das ist die geniale Ebene des Göttlichen, das ist die unerschöpfliche »universelle Werkstatt«, dort wo unablässig erschaffen wird, Wunder konstruiert und Wünsche erfüllt werden.

Speziell an diesem Erlebnis, das meinem Mann so viel Trost spendete, erläutere ich den Ablauf und das göttliche Zusammenspiel folgendermaßen:

– Auf irdischer, materieller Ebene wird der Kalender hergestellt.
– Zu einer gewissen Zeit kommt der Kalender in meinen Besitz.

- Zu einer späteren Zeit geht es meinem Mann wieder einmal besonders schlecht. – Er hat Sorgen und Zukunftsängste, »steckt fest« ... (gedanklich).
- Im Traum hat er eine Begegnung mit Leif, der ihm besonders viel Kraft geben möchte.
- Er hat diese Begegnung an einem Datum, das für uns eine direkte Beziehung zu Leif signalisiert.
- Die Aussage auf dem Kalenderblatt bezieht sich konkret auf Träume und deren unumstrittene Wahrhaftigkeit, dass die geistige Welt uns helfen will.
- Der geniale Kreis schließt sich!

Die irdische und geistige Welt sind nur durch einen dünnen Schleier voneinander getrennt.

Wenn man das einmal endgültig in seiner vollständigen Bedeutung verstanden und erlebt hat, kann es keinen Grund zu lang andauernder Traurigkeit und Hoffnungslosigkeit geben, dann zieht friedliche Gewissheit mit der Zeit in ein schmerzendes Herz ein, dass wir »eines Tages« wieder auf derselben Ebene mit unseren Lieben, die schon vor uns auf die andere Seite gegangen sind, vereint und sehr glücklich sind. Aber während wir noch im irdischen Bereich verweilen, können wir offen sein für die unzähligen Botschaften und Möglichkeiten des Kontaktes aus und mit der geistigen Welt.

So arbeitet das Universum, so sind wir alle und alles miteinander verbunden.

In allem wohnt eine unvorstellbare, für unsere irdische Wahrnehmung unfassbare göttliche Intelligenz, die nicht erklärbar ist.

Diese Gewissheit eröffnete sich mir zunehmend beim Lesen der zahlreichen weisen Werke unserer Mitschöpfer auf der irdischen Ebene. Eines meiner absoluten Favoriten unter den Büchern, die wahrer Balsam für eine suchende und trauernde Seele sind, beschreibt diese allgegenwärtige Intelligenz besonders einzigartig. Im »**Buch der Geheimnisse**« von **Deepak Chopra**, einem indischen Arzt und großen spirituellen Lehrer, kann man nachlesen:

»Zellen ... sind das Werk kosmischer Intelligenz, die sich seit Milliarden von Jahren in biologischer Form ausdrückt.«

»Ein weißes Blutkörperchen, das zwischen eindringlichen, feindlichen Bakterien und harmlosen Pollen unterscheiden kann, fällt eine intelligente Entscheidung, obwohl es ohne Verbindung zum Gehirn im Blutstrom schwimmt ...«

»Wenn der Verbiss bei bestimmten afrikanischen Bäumen überhand nimmt, können sie anderen Bäumen in vielen Kilometern Entfernung das Signal geben, den Tanningehalt der Blätter zu erhöhen, was sie für die gefräßigen Tiere ungenießbar macht. Die fernen Bäume empfangen das Signal und passen ihre Chemie entsprechend an.«

Was treibt Lachse dazu, tausende Kilometer zurück zu ihren Geburtsplätzen zu schwimmen, um dort wieder zu laichen? ...

Dem schier völlig unzusammenhängenden Durcheinander-Gewusel in einem Ameisenhaufen, ebenso wie bei Bienenvölkern etc. liegt eine perfekt aufeinander abgestimmte und funktionale Struktur zugrunde, in der jedes dieser winzigen Wesen eine Aufgabe erfüllt, immer zum Wohle und im Sinn des gesamten Volkes. So funktioniert die gesamte Schöpfung und bis zum heutigen Tage, wenn der Mensch es nur zuließe.

– 15 –

Mit Sicherheit mutet dies alles wie eine unglaublich wunderbare Entwicklung eines zunächst unerträglichen Ereignisses an, nämlich ein Kind und einen Bruder durch den Tod verloren zu haben. So ist es auch und es ist noch viel mehr geworden darüber hinaus.

Und doch gab es bei all den tröstlichen Erfahrungen die schwer zu ertragende Tatsache, dass eines unserer Familienmitglieder Leifs Tod nicht verarbeitete und offensichtlich verdrängte, was mir erst jetzt, viele Jahre danach, richtig klar geworden ist und ich es endgültig benennen kann, weil sie es selber tut: Judith.

Nach Leifs Beerdigung war sie 14-jährig natürlich wie alle in der Familie im Schockzustand, wurde sehr still und blass und traurig. Eigentlich konnte ich sie mit nichts wirklich trösten, auch wenn ich sie immer wieder in meine stärkende Überzeugung, dass Leif nicht ganz fort ist, einbinden wollte.

Ich spürte, dass sie etwas in sich eingeschlossen hatte und ich nicht an sie herankommen konnte.

Als sie 16 Jahre alt war, wollte sie ins Internat. Wir ließen sie gehen, weil ich den Eindruck hatte, dass sie es brauchte, eine räumliche und schulische Veränderung vorzunehmen. Schon lange fühlte sie sich im Kreise der Gleichaltrigen des Dorfes nicht mehr wohl.

Sie machte erfolgreich ihr Abitur und bewies durch hervorragende schulische Leistungen eine brillante Intelligenz.

Danach erfüllte sie sich einen Traum, den wir mit viel guten Beziehungen und günstigen Voraussetzungen mit ihr in die Tat umsetzen konnten: Sie ging für ein halbes Jahr mit ihrem damaligen Freund nach Australien, um dort ein wenig zu reisen und durch Jobs die Reisekosten zu bestreiten. Zunächst konnten sie bei einer äußerst liebenswürdigen Familie sechs Wochen wohnen, bis

sie einen kleinen Wohnbulli kaufen konnten und damit ins Abenteuer »Goldcoast« im Westen von Australien starten konnten.
Damals feierte Judith gerade ihren 18. Geburtstag weit weg von uns. Aber sie schien so glücklich zu sein, was sie auch mit Sicherheit zeitweise war, denn Australien war und ist das Land ihrer Träume, wo sie sie selbst sein konnte.

Dort sollten aber auch die ersten, sehr beunruhigenden Ereignisse geschehen, die auf den schwer belasteten Seelenzustand und ihre Labilität hingewiesen haben.

In Anbetracht, dass Judith doch noch sehr jung und sie vor allem so weit weg war, hatten wir vereinbart, mindestens alle zwei Wochen über SMS oder einen Anruf aus Telefonzellen oder Internetcafés Meldung von ihr erhalten wollten.

Aus tiefstem Herzen vertraute ich auf Gott, die Schutzengel, das Universum und eine schützende Hand, die Judith und ihren Freund begleiten sollten, auch wenn mich ab und zu eine tiefe Unruhe ergriff, vor allem, wenn aus den verschiedensten Gründen der Kontakt nicht hergestellt werden konnte.

Als Engel erwies sich ihr Freund, als Judith sich bei einem mehrtägigen Jeeptrip auf eine absolut einsame Insel, wo es nur Dingos und Vegetation gab, eine dramatische Fischvergiftung zuzog.

Dadurch, dass der junge Mann sie ständig zum Erbrechen brachte, nachdem sie selbst nur noch erschöpft daliegen konnte, wurde der Notruf nach einem Helikopter, der sie von der Insel ins Krankenhaus hätte fliegen müssen, überflüssig.

Wenn uns solche Nachrichten erreichten, waren wir natürlich hilflos und von Schrecken und Ängsten überwältigt! Aber Judith erwies sich immer als außerordentlich zäh ...

Das dramatischste Erlebnis, das Judith hatte, war gleichzeitig auch wieder eines der höchst spirituellen und Zeugnis der tatsächlichen, energetischen, telepathischen Verbindung von Seelen und Familienmitgliedern über Zeit und Raum hinweg.

Ich erinnere mich, dass ich seit Tagen schon ein eigenartiges

Gefühl erneuter Unruhe verspürte. Schon länger hatten wir auch von Judith nichts mehr gehört.

Dann träumte ich in einer Nacht: Judith wurde von einem grobschlächtigen, ungepflegten, dicken Mann in einem Hinterhof in ein kleines Auto verfrachtet. Sie hing leblos und blass in seinen Armen. Ich wusste aber, dass sie nicht tot war ...

In der darauffolgenden (!) Nacht träumte ich, dass Judith weiterhin absolut leb- und bewusstlos irgendwo lag und nicht ansprechbar war ...

In der dritten Nacht träumte ich ein letztes Mal in der Folge von ihr. Ich sah Judith nun bei Bewusstsein, in Schwarz gekleidet, aber noch sehr ernst, blass und schwach. Irgendjemand gab mir die Information, dass es ihr wieder besser gehe.

Nun war meine Unruhe mittlerweile so groß geworden, dass ich alles versuchte, Judith telefonisch zu erreichen. Immer wieder probierte ich, sie auf dem Handy zu erreichen. Dann endlich gelang auch eine Verbindung und bei mittelmäßiger Qualität hörte ich eine lebendige Judith erfreut tausende Kilometer weit weg rufen: »Hallo, Mama, wie schön, dich zu hören!«

Ich war so unendlich erleichtert, ihre Stimme zu vernehmen, und sagte dies auch. Meiner Stimme war offensichtlich die unglaubliche Erleichterung anzuhören gewesen, denn Judith fragte, ob alles okay sei.

Ich erzählte ihr von meinen erschreckenden Träumen und deutete kurz den Inhalt an. Am Ende der Leitung entstand ein langes Schweigen, und als Judith wieder sprach, hatte sich ihre Stimme schlagartig verändert – sehr zögernd und mit schockiertem Unterton fragte Judith, wann ich diese Träume gehabt hatte. Ich nannte ihr den Zeitraum, der nur einige Tage zurücklag.

Dann entstand wieder ein längeres Schweigen. Was Judith anschließend sagte, haute uns beide erst einmal bildlich gesprochen aus den Socken.

Sie sagte: »Mama, eigentlich wollten wir es euch nie erzählen, um euch nicht zu beunruhigen, aber was du da geträumt hast, ist mir in etwa wirklich passiert, genau in dieser Zeit, als du es geträumt hast.«

Dann schilderte sie mir horrormäßige Ereignisse:

Sie war mit ihrem Freund während ihres langen Trips an der Ostküste abends in einer Stadt bei einer öffentlichen Discoveranstaltung gewesen.

An mehr erinnerte sie sich nicht mehr ... Ihr Freund hatte beobachtet, dass Judith plötzlich im Menschengemenge hektisch wurde, sich sonderbar verhielt und unkontrolliert nach draußen lief. Mühsam folgte er ihr augenblicklich durch die Menge.

Auf der Straße dann sah er sie zusammenbrechen. Zum Glück konnte er sie sofort aufheben und wegtragen. Er schaffte Judith zurück zum Zimmer, wo sie übernachteten. Sie schilderte mir, wie ihr Freund sie bewusstlos unter die Dusche gesetzt hatte und sie die nächsten zwei Tage beobachtete, während sie nur schlief und vor sich hin dämmerte. Erst am dritten Tage kam sie wieder völlig zu sich und erinnerte sich an nichts mehr.

Mir war damals nicht ganz klar, warum der Freund sich nicht um einen Arzt bemüht hatte, aber sicher ist, dass er Judith das Leben gerettet und vor Schlimmerem bewahrt hat! Man hatte Judith ganz sicherlich etwas in ihr Glas geworfen, denn in den nächsten Tagen schon erfuhren sie über die Medien, dass eine Serie von Mädchenentführungen in dieser Region der Küste die Polizei in Atem hielt.

Uns wurden über die Geschehnisse und während des Gesprächs auf jeden Fall unglaublich wundersame Fügungen wieder vor Augen geführt:

Judith war aufs Höchste beschützt worden.

Ich war als Mutter mit ihr über die ewige Nabelschnur der Liebe und des Göttlichen so intensiv verbunden, dass ich sofort zeitgleich die wichtigen Informationen erhielt!

Judith und alle, die später noch von diesen Ereignissen erfuhren, waren zutiefst beeindruckt. Dieser Verlauf gehört auch für Judith sicherlich mit zu den prägendsten Erlebnissen, die ihre Überzeugung von unserer multidimensionalen Existenz festigten.

Obwohl der Hintergrund der Tatbestände äußerst erschreckend und kriminell war, beruhigte mich das Erlebnis in der Hinsicht, dass ich informiert wurde und große Schutzkräfte bei meiner Tochter waren. Ich spürte auch in meinem tiefsten Innern, dass ich sie nicht auch noch so bald verlieren sollte!

– 16 –

Nach der Rückkehr aus Australien machte Judith ein dreijähriges, sehr anspruchsvolles Studium in Germanistik, das sie mit dem Bachelor zunächst erfolgreich abschloss.

Aber in dieser Zeit manifestierten sich auch schon deutlichst die folgenden, für uns wirklich wahrnehmbaren Zeichen an und in Judith, dass sie litt:

Schon eine ganze Weile, eigentlich die letzten Monate, hatte ich mit zunehmender Besorgnis beobachtet, dass meine Tochter beängstigend abgenommen hatte, und die Portionen, die sie auf dem Teller hatte, wenn sie mit uns eine Mahlzeit einnahm, hätten vielleicht gerade mal, übertrieben ausgedrückt, ein Vögelchen ernährt.

Wenn wir dazu eine Bemerkung machten, reagierte Judith in der Regel sehr aufgebracht und entgegnete, sie wüsste, wie viel sie essen möchte, und dass sie genug zu sich nähme, wir sollten sie in Ruhe lassen!

Des Weiteren erlebten wir sie als isoliert und unglücklich, was den Kontakt zu Gleichaltrigen oder Studienkollegen betraf.

Judith lag immer öfter stundenlang mit leerem Blick und kraftlos, eingerollt wie ein kleiner Fötus, in der Ecke des Sofas, selber ratlos, was mit ihr passierte.

Ihr Anblick ließ mich und auch die restliche Familie verzweifeln und es zerriss uns das Herz.

Natürlich gab ich nicht nach und suchte immer wieder mit ihr ins Gespräch zu kommen, aber es waren seltene Momente, wo ich das Gefühl hatte, dass Judith überhaupt bereit und in der Lage war, sich zu äußern. Das machte die Situation so schwierig, und es sollte zwölf Jahre dauern (!), bis wir endgültig gemeinsam über einen sehr schweren und schmerzhaften Weg an den Kern der Sache kamen …

Irgendwann vertraute mir Judith als Erstes unter Tränen an, dass sie in der Uni komplett ausgeschlossen sei, andere Kommilitoninnen sie quasi eifersüchtig mieden und dass sie bei Gruppenarbeiten nicht berücksichtigt wurde und somit die geforderten Aufgaben meistens alleine bewältigen und erledigen musste. Sie litt unglaublich unter dem Gefühl, nicht gerne gesehen und so isoliert zu sein.

Zu diesem Zeitpunkt war Judith schon in solch einem besorgniserregenden, depressiven Zustand, dass ich den Hausarzt zu Rate zog. Selbstverständlich wurde die Möglichkeit einer Psychotherapie in Betracht gezogen. Ich glaube mich zu erinnern, dass Judith auch ein paarmal bei einer Therapeutin gewesen ist, was aber nicht viel geholfen hat zum damaligen Zeitpunkt, weil Judith einfach überhaupt noch nicht bereit war, an ihren großen Wunden zu rühren.

Ich vergesse aber nie den Tag, als Judith mich selber um ein Gespräch bat und sie mir in ihrem Zimmer zunächst stockend, dann zunehmend emotionaler ihr lange gehütetes, furchtbares Geheimnis preisgab.

Zur Zeit, als sie ins Internat kam, hatte sie mit Essstörungen begonnen und schon dort regelmäßig, wenn sie gegessen hatte, die gesamte Nahrung kurze Zeit später wieder von sich gegeben. Auch im Internat hatte sie sich überhaupt nicht wohl gefühlt, war isoliert, und die Interessen der Internatskameradinnen waren nicht die ihren.

Als Judith mir diese Dinge anvertraute, war sie mindestens 22 Jahre alt. Als sie mir nun von heftigstem Weinen begleitet gestand, dass sie Angst gehabt hatte, zu all der Trauer um Leif uns auch noch mit ihren Problemen zu »belasten«, waren acht Jahre vergangen!

Ich war zutiefst erschüttert über diese Tatsache, dass Judith all diese Dinge so lange mit sich alleine herumgetragen hatte; vor allem aber die Vorstellung, wie einsam und unglücklich sie die meiste Zeit gewesen sein musste, war sehr schmerzhaft. Ich hatte es immer gespürt, gewusst, dass mit Judith längst nichts in Ordnung war, und jetzt bei diesem Gespräch wurde es bittere Gewissheit, aber es war auch unendlich gut, dass Judith ihre Seele schon ein wenig erleichtert hatte.

Es sollte nur der Anfang vom langen Heilungsprozess sein.

Ich konnte meine Tochter zum ersten Mal mit der ausgesprochenen Tatsache konfrontieren, dass sie sehr wahrscheinlich schon seit längerem magersüchtig war und dass wir nun dringend handeln mussten.

Sie war aber augenblicklich bereit, erneut den Arzt zu konsultieren. Er erwies sich wieder einmal als unser Engel, denn er hatte die Adresse einer spezialisierten Ärztin für Anorexie.

Sehr bald konnte Judith die erste Untersuchung und ein Gespräch bei der Spezialistin haben.

Die Diagnose war ernst. Nach gründlichen Untersuchungen war klar, dass Judith eine akute Magersucht erlebte und sie in der Wachstumsphase, in der sie sich damals befunden hatte, schon bleibende Schäden im Knochenaufbau hatte.

Laut Ärztin entging Judith noch knapp der Einweisung in eine Spezialklinik, wo sie dort wochenlang hätte intensivst betreut und mit Ernährungsprogrammen wieder hätte aufgepäppelt werden müssen.

Bei all dem war die Ärztin aber auch psychologisch eine hervorragende Fachfrau, die Judith in kürzester Zeit wieder aufbaute und ihr zumindest klarmachen konnte, dass ihre Erschöpfungszustände und das stundenlange apathische Herumliegen vor allem damit zu tun hatten, dass ihr Körper »Hunger« signalisierte und sie diese Signale gar nicht mehr wahrnahm!

So bestand Judiths Genesungsprogramm darin, dass sie, sobald sie Schwäche spürte, zu essen hatte, regelmäßig zu Gewichtskontrollen in die Klinik musste und eine Menge Mineral- und Vitaminpräparate einzunehmen hatte.

Auch motivierte die Ärztin Judith, ihre Projekte weiterzuverfolgen und ihre schon geplante Reise auf jeden Fall zu verwirklichen und am Leben teilzunehmen.

Judith startete zum zweiten Mal mit ihrem damaligen Partner in ein neues Abenteuer nach Australien.

Ich seh mich noch heute mit einem dicken Kloß im Hals am Bahnsteig dem ausfahrenden Zug hinterhersehen, nachdem Judith enthusiastisch winkend mit ihrem Liebsten hineingesprungen war.

Sie verließen unseren Kontinent exakt zum Jahreswechsel zu 2009 und wir erhielten erste Neujahrsgrüße direkt aus Sidney, als Judith und ihr Freund pünktlich unter den Menschenmassen standen, um das gigantische Feuerwerk vor der berühmten Oper mitzuerleben.

Es folgte eine Zeit voller Abenteuer und wunderbarster Erlebnisse. Judith umreiste quasi innerhalb eines ganzen Jahres den Kontinent, lebte und arbeitete immer wieder für mehrere Wochen oder Monate in den größeren Städten wie Perth, Darwin und auch Melbourne. Aber wiederum erlebte sie auch sehr schwer zu bewältigende Ereignisse wie die dramatische Trennung im Land von ihrem Freund, was sie selber aber herbeiführte; sehr beunruhigende Unterleibsentzündungen, die auf Bali ihren Höhepunkt hatten, sodass Judith sich in einem dürftig eingerichteten Krankenhaus zur Behandlung wiederfand.

Dort auf der Insel wurden ihr auch die Brieftasche mit Geld und Papieren gestohlen! Glücklicherweise hatte sie ihren Reisepass und das Rückflugticket nicht bei sich.

Aber was waren das stressige Zeiten, als wir Judith tausende Kilometer entfernt von uns weinend am Telefon hatten und über eine schlechte Verbindung erfahren mussten, was geschehen war. Ich fühlte mich so hilflos, so weit weg von ihr und konnte meine Tochter vorerst nur im Gespräch beruhigen, dass es eine schnelle Möglichkeit gebe, sie zunächst mit Bargeld zu versorgen.

Sie war so unglaublich zäh, aber trotzdem auch körperlich so geschwächt.

In all diesen Jahren hatte ich immer den tief verborgenen Eindruck, dass Judith aufgrund ihrer inneren Verfassung und der Trauer, die sie mit sich trug, all diese Geschehnisse quasi anzog. Fast ständig war ich in einer inneren Spannung und in einer Art Bereitschaftsdienst, falls Judith wieder in irgendeiner Form Hilfe brauchte.

Aber bei all dem und in all dieser Zeit schien Judith begleitet zu sein von großen Schutzengeln, und ich denke, »ja!«, auch ihr Bruder Leif scheint immer über sie zu wachen, der das Schlimmste einfach nicht zulässt! ...

Judith lernte auf ihren Reisen immer faszinierende Menschen kennen, die sie bemerkten und ihr ihr eigenes Potenzial aufzeigten.

Aber es schien, als ob Judith selber diese Chancen und die Qualitäten ihrer selbst gar nicht umsetzen konnte. Sie war meist irgendwie krank, schwach und freudlos.

Nachdem Judith von ihrem Leben aus Australien zurückkam, war sie mehr oder weniger so traurig, dieses Land, wo sie so glücklich gewesen war, wieder zu verlassen, dass ich selbst diesen Schmerz spüren konnte und ich einfach nur dachte: »Sie gehörte dorthin, hier ist sie nicht glücklich.«

Es folgte eine weitere Beziehung und schmerzhafte Trennung.

Judith begann in Belgien ein zweites Studium mit dem Ziel des Masters im Bereich »Völkerwissenschaften und Entwicklungshilfe«.

Mit einer neuen, vielversprechenden Verbindung zu einem sehr charmanten jungen Mann bezog sie hochmotiviert eine gemeinsame Wohnung, und alles schien sich endlich zum Besten zu wenden. Judith glaubte ihren Platz gefunden zu haben.

Schon nach einem halben Jahr begannen erneute Phasen verschiedenster Erkrankungen. Judith war niedergeschlagen, sehr unglücklich, die Beziehung veränderte sich schlagartig. Irgendwann vertraute sie sich mir wieder an und schilderte mir erneut dieses Gefühl von Verwirrung und nicht zu wissen, wohin ihr Leben gehen solle. Die Zeit der Prüfungsphase begann, und genau zu diesem Zeitpunkt verließ der Freund die gemeinsame Wohnung, um Abstand zu der Beziehung zu nehmen ...

Judith war so untröstlich, aufs Neue vor den Scherben einer Beziehung zu stehen, dass sie zunächst völlig entkräftet und unmotiviert die Tage verbrachte. Natürlich war sie auch körperlich wieder dünner geworden. Ich sorgte mich zutiefst, mein Mann war absolut ratlos, ich wusste nur: Judith braucht endlich dringende Hilfe, die ihr tiefes Geheimnis dieses jahrelangen Lebens auf »Sparflamme« enthüllt. Mittlerweile hatte ich ernsthaft die Gedanken, dass kein Mensch unendlich lange Zeit solch ein anstrengendes, emotional meist tragisches Leben durchhält, ohne Schaden zu nehmen oder eben gar daran zu Grunde zu gehen!

Niemand konnte meiner Tochter das Gefühl geben, dass sie ein wunderbarer Mensch ist und okay, so wie sie ist, zu viele Schicksalsschläge knüppelten sie immer wieder nieder. Ich verstand gar nicht mehr, woher sie die Kraft nahm, das äußerst anspruchsvolle und viele Material durchzuarbeiten und zu lernen, das für die Prüfungen in einigen Wochen zu bewältigen war.

An einem Tag in dieser Zeit rief Judith mich an und teilte mir mit, dass sie mit einer Gehirnerschütterung dalag und zehn Tage ruhig liegen solle ...

Sie hatte sich beim Aufrichten von einer Kommode in der Wohnung so stark den Hinterkopf gestoßen, dass sie blutete und sehr schnell die typischen Symptome einer Gehirnerschütterung hatte. Ein Arzt bestätigte dies. Judith sollte aber nun einen Tag beobachten, ob sich ihr Zustand verschlechterte, dann müsste sie eine Untersuchung im Krankenhaus machen lassen.

Ich war nur noch verzweifelt. Zudem teilte Judith mir mit, dass sie nun sehr viel Zeit für die Prüfungen verlieren würde und mit Sicherheit Nachprüfungen absolvieren werde müssen.

Welch ein Elend! Mittlerweile war aber Judith so verzweifelt, dass sie klar den Wunsch nach Hilfe zu ihrem allgemeinen Zustand äußerte.

In den letzten Jahren hatte ich einiges an persönlicher Entwicklung, spiritueller Bewusstseinserweiterung und ganzheitlicher Therapiearbeit getan.

Wir waren neue Wege der Heilung gegangen mit Heilpraktikern, Osteopathen und Kinesiologen, Lebensberatern, die selber nach einschneidenden Erlebnissen ihre Weltanschauung drastisch verändert sahen.

So hatte Judith selber eine Adresse von einer Kinesiologin, die sehr außergewöhnlich spirituell und ganzheitlich arbeitet. Diese Frau kontaktierte sie und hatte auch schnell einen Termin zur Behandlung.

– 17 –

»Alles, was einem Menschen in seinem Leben widerfährt, jede Herausforderung, jeder angebliche Verlust, jeder Schicksalsschlag ist von der Seele selbst festgelegt worden, bevor sie inkarnierte. Es dient einzig und allein dem Zweck, sich zu erfahren und spirituell zu wachsen. Und die Seele hat auch für die scheinbar auswegloseste Situation Lösungen zur Verfügung gestellt. Es gibt keine Herausforderung, für die es keine Lösung gibt.« ...
(»Seelenverträge«, Leila Eleisa Ayach)

Und so gibt es auch die entsprechenden irdischen Helfer und »Engel« in menschlichem Gewand, zu denen die verzweifelte und suchende Seele schließlich gelangt und hingeführt wird. Judith fand ihren Weg zu dieser wunderbaren Heilerin, auf einem winzigen unbekannten Fleckchen der Erde mitten im belgischen Land. Die charismatische Ausstrahlung, die Kraft und Liebe dieser Frau und die simple, bescheidene Art, wie sie lebt, erinnerten mich vom ersten Augenblick an die Schilderungen vom Leben Jesu, der in aller Bescheidenheit, als Sohn eines Zimmermanns, die wundervollen Botschaften und Heilungen brachte.

In der Kombination von Muskeltest, kinesiologischen profunden Kenntnissen, jahrelanger Erfahrung und die geniale direkte Verbindung zu den universellen Kräften heilte diese Frau Judith in nur drei Behandlungen von jeweils ca. drei Stunden von ihren dramatischen seelischen Leiden und brachte sie buchstäblich zurück ins Leben!

Der unerschütterliche Glaube und die feste Überzeugung, dass alles miteinander verbunden ist, geben der Heilerin offensichtlich direkten Zugang zu Informationen auf höherer Ebene, das heißt, während ihrer Arbeit mit dem Patienten erhält sie durch Erfragen und eine Art Eingebung Hinweise, welches Textmaterial sie zur Verdeutlichung der jeweiligen Blockade des Hilfesuchenden verlesen soll, was dann wiederum beim Patienten eine Körperreaktion verursacht, sobald ein Wort oder eine Zeile seine Blockade berührt.

Die Arbeitsweise der Kinesiologin wird dadurch sehr lebendig und emsig, da sie immer wieder aus den verschiedensten Regalen und Ressourcen die entsprechenden Textstellen sucht, und es kommen sachliche Texte, Märchen, Fabeln, Erzählungen sowie spirituelle Bücher, ja sogar Wörterbücher zum Einsatz.

Die gesamte Lehre der Körperfunktionen und der Zusammenhang der verschiedenen Ebenen, Körper, Geist, Seele sowie Vergangenheit, Gegenwart, Zukunft sind bei der kinesiologischen Arbeit gleichsam von Bedeutung.

So kam in der ersten Sitzung klar und deutlich und für alle Beteiligten gleichermaßen erschütternd heraus, was mit Judith scheinbar schon seit Jahren vor sich ging, und erklärte, warum sie so unermesslich viel Misserfolg, Krankheiten, aber auch Traurigkeit erlebte ...

Judith war auf dem Wege gewesen, sich zu verabschieden! ... Ja, sie wollte unbewusst aus dem Leben gehen, sie wollte all die Jahre eigentlich ihrem Bruder, den sie so geliebt hatte, der ihr bester Freund und Vertrauter gewesen war, folgen ...

Die Therapeutin entließ Judith erst, nachdem sie die absolute Zusicherung von ihr hatte, dass sie sich für das Leben entschieden hatte.

Stunden später, nach der ersten Behandlung, nachdem Judith sich heftig erbrochen und lange geschlafen hatte, war sie in der Lage, mir diese Dinge mitzuteilen. Ich hörte ihr einfach nur zu und war noch nicht einmal sonderlich schockiert, bestätigte es doch zu sehr meine lange, lange gespürten Ahnungen, dass es so war, wie sie mir jetzt erzählte.

Ich spürte eher eine ungeheure Erleichterung, dass »die Katze endlich aus dem Sack gelassen war«, dass dieses unglaublich tief sitzende emotionale Geschwür endlich aufgebrochen worden war und die Wunden geheilt werden konnten.

Judith hatte den plötzlichen Tod ihres Bruders als ein so plötzliches Im-Stich-gelassen-Werden erlebt, dass es schlagartig eine Erklärung für das Scheitern ihrer gesamten bisherigen Beziehungen mit ihren Freunden lieferte.

Unbewusst hatte sie sich immer Partner gewählt, die sie genauso plötzlich verließen. Ebenso erklärte sich nun auch ihre Magersucht, die eine extreme Ablehnung des Lebens und Todessucht veranschaulicht. Auch die vielen entkräftenden Krankheiten gehörten zu Judiths unbewusstem Versuch, dieses Leben zu verlassen.

Die Kinesiologin hatte aber auch gleichzeitig die Botschaft erhalten, dass Judith unermesslich geliebt wird und immer beschützt worden war.

Ich bin überzeugt, dass selbst hier Leif daran beteiligt war, dass dieses weitere Unglück nicht stattfinden sollte.

In den nächsten beiden folgenden Behandlungen, die Judith bei der Heilerin machte, kristallisierte sich ein klares Persönlichkeitsprofil und Judiths wahres Wesen heraus und die Art und Weise, wie sie ihr eigenes Leben bestmöglich gestalten sollte.

Die daraus resultierende Veränderung, die sich an Judith manifestierte, war dramatisch positiv: Es war, als sei in eine eigentlich tote körperliche Hülle das Leben zurückgekehrt. Judith war und ist fröhlich, die Augen leuchten und blicken nun gerichtet auf das, was sich vor ihr befindet. Anfänglich war ihr Appetit auf Nahrung buchstäblich übermäßig, sie ließ sich einen komplett neuen Haarschnitt machen und begann wieder mit Freunden auszugehen. Sie hat wieder Freude am Leben.

Was ihren weiteren Weg betrifft, wo sie leben und arbeiten wird, lässt sie sorglos auf sich zukommen.

Das scheinbar Unmögliche hat sie dann auch noch geschafft: Alle Prüfungen hat sie mit guten Ergebnissen bestanden!

– 18 –

Nun schreiben wir schon das Jahr 2012, das Jahr, in dem der Menschheit und unserem Planeten Erde eine solch große Veränderung und spirituelle Chance vorausgesagt ist, und ich spüre dies, kann es für mich bestätigen, dass sich so viel verändert hat.

Auf meiner persönlichen Ebene bin ich nicht mehr die Person, die ich vor dem Tod meines Sohnes gewesen bin. Wie ich schon erwähnte, hat mich dieses Schicksal zu einem erweiterten Bewusstsein geführt, einem Verständnis von dem Mit-allem-Verbundensein, dass mein und unser aller Leben ein ständiger Schöpfungs- und Erfahrungsprozess ist, den ein jeder selbst gestaltet.

Wie sehr hat es mein und das Leben meiner engsten Angehörigen verändert?

Erheblich! Ich habe es schon einmal erwähnt: Es hat unserem Leben einen völlig neuen Blickwinkel und ein größeres Verständnis für vieles gebracht.

Leif ist in den 13 Jahren, die er nun schon in der geistigen Welt verbringt, in unserer Nähe geblieben, auch wenn die Zeichen auf irdisch-materieller Ebene seltener geworden sind. Aufgefallen ist mir dabei aber, dass ich nach wie vor Unterstützung von ihm erhalte, wenn ich wieder besonders niedergeschlagen oder traurig bin oder ich eine offensichtlich wichtige Motivation brauche.

Ich erinnere mich jedenfalls an einen Tag vor einigen Monaten, an dem ich sehr traurig war. Ich befand mich im Auto zu einer kurzen Fahrt durch die Stadt. In meinen trüben Gedanken versunken wartete ich an der Ampel auf das grüne Lichtsignal.

Als ich erneut hochschaute, um zu sehen, ob ich weiterfahren kann, sah ich auf der immer noch rot leuchtenden Ampel, dass ein großes schwarzes Herz auf diesem Scheinwerfer klebte!

Augenblicklich bekam ich diese innere auditive Botschaft von Leif: *»Mama, sei nicht so traurig, ich bin bei dir, ich geb dir Kraft!«*

Und genauso schnell verbesserte sich meine Stimmung. Glücksgefühle überschwemmten mich wie immer in solchen Momenten. Ich dankte meinem Sohn innerlich voller Liebe für seine tröstende Gegenwart. Sicherlich hatte ein übermütiger Mensch dieses Herz irgendwann einmal in diese Ampel geklebt. Es ist immer noch auf diesem Lichtsignal zu sehen.

Entscheidend war ja wieder der Moment, in dem ich diesem Zeichen gewahr werden sollte: mein persönlicher Augenblick des Trosts und der Verbindung mit meinem Sohn.

Erst sehr kürzlich, vor einigen Wochen, erhielt ich noch ein aussagekräftiges und vieldeutiges Zeichen von Leif, welches mir erneut seine Beteiligung an meinem aktuellen Leben bestätigte. Es war wieder einmal eine Situation, in der ich mich niedergeschlagen fühlte und ein wenig wie ein Wanderer ohne Kompass schon länger über meinen weiteren Lebensweg nachdachte.

Ich spazierte mit meinem autistischen Schüler, den ich in einer Schule im Unterricht begleite, in der Pause durch den Schulgarten, als ich direkt vor meinem Fuß ein winziges Zettelchen im Gras erblickte, ihm aber keine weitere Aufmerksamkeit schenkte und wir schweigend weitergingen. Augenblicklich aber nahm ich diese innere kleine energische Stimme wahr, die ich ganz klar heute als die eines Engels oder Geistführers unterscheiden kann von einem eigenen gedanklichen Impuls oder gar eines telepathischen Austauschs mit Leif: »Dreh um, hebe den Zettel auf, du solltest ihn dir anschauen! Heb den Zettel auf!«

Wir waren schon um das nächste Schulgebäude herumgegangen, als ich mich entschied, dem Hinweis zu folgen, und drehte mit meinem Schützling um, um das Papierschnitzelchen aufzuheben. Eine einzige Zahl, in krakeliger Schülerschrift, befand sich darauf: 099! Wow! »Ein lieber Gruß von Leif«, kam mir zunächst dazu.

Wir setzten unseren Weg fort und sozusagen beim nächsten Schritt lag die schwarze Rabenfeder vor meinen Füßen. Dann hörte ich in derselben Sekunde die klare Ansage von meinem Sohn im Kopf: »Mama, arbeite am Buch weiter!«

Sogleich fühlte ich, wie meine Energie positiv anstieg und diese stille Freude mein Innerstes erfasste. In schwierigen Momenten bekomme ich immer noch diese wunderschönen kleinen Schubse von Leif. Momentan arbeite ich in meiner aktuellen Lebenssituation an mehreren Varianten, mich persönlich und beruflich weiterzuentwickeln, und verliere mich immer wieder mal in der Entscheidung, was absolute Priorität hat: meine Ausbildung zur integrativen psychologischen Beraterin und die Fertigstellung des Buches. Daneben hat man ja auch noch die Familie und die profanen alltäglichen Dinge zu erledigen.

Dann gibt es wiederholt längere Pausen bei der Arbeit zum Buch und ich fühle mich unzufrieden.

Mein Sohn half mir, wieder »in die Spur« zu kommen. Ich hob auch die Rabenfeder auf, die jetzt mit dem Zettel meiner mannigfaltigen Sammlung der spirituellen Schätze und Zeichen zugefügt wurde.

Im Internet fand ich diese passende Beschreibung zum Krafttier »Rabe«:

»Der Rabe symbolisiert Weisheit und Intelligenz.

Der Rabe ist das Krafttier von Zauberern und weisen Frauen, ist er doch ein Bote zwischen den Welten, der Prophezeihungen allein mit seiner Gegenwart unterstützt. Auch die Indianer sehen im Raben einen Begleiter und Helfer bei Zeremonien und Heilungsritualen. So gelten sie vielen Stämmen als heilige Vögel, die die Verbindung zu den Ahnen herstellen. Auch Odin hatte zwei Raben, Hugin und Munin, an seiner Seite. Als Boten übermittelten sie Nachrichten und sammelten Wissen auf ihren Flügen, das sie an Odin weitergaben. Raben begleiten in den Legenden keltische Götter und Druiden und ihre große Weisheit zeichnet sie aus ...«

»Der Rabe symbolisiert Heilung, Schutz, Telepathie, Wissen, Intelligenz und Prophezeihungen. Der Rabe begleitet auf Astralreisen und ist ein mächtiges Krafttier. Eine Rabenfeder über dem Bett schenkt Träume, die in die Zukunft blicken ...«
http://www.engelundelfen.com/elfen/der-rabe.html

– 19 –

August 2012 …

»Gott« ist Freude, pure Freude, eins sein, verbunden mit allem …

Ich gehe am Nordmeer entlang, die Füße schreiten im lauwarmen Wasser. Mein Blick folgt dem hellen Sonnenball, der sich vor mir im flachen, auslaufenden Wasser spiegelt und vor mir herzutanzen scheint.

Die laue Brise streichelt meine Haut, ein blauer Himmel spannt sich über dem endlosen Meer, während gleichzeitig Lieblingsmusik mich über die kleinen Kopfhörer gleichsam schweben lässt.

Und tief in meinem Innern steigt sie empor, diese Freude, dieses Glücksgefühl, eins zu sein mit diesem allem, was ist, vollständig im Augenblick, im Jetzt da zu sein, unermesslich beschenkt von der Schönheit der Schöpfung.

Gleichsam verschmolzen mit diesem magischen Moment erlebe ich mich selbst im Zentrum aller Dinge, und alles um mich herum läuft wie in einem Stummfilm ab: andere Menschen, Hunde laufen vorbei, buntes Treiben – und ich nehme die Freude der anderen wahr, die diese Sequenz des kosmischen Spiels mit mir teilen und genießen …

*

Ich blicke die 13 Jahre zurück, seit Leif uns auf der irdischen Ebene verlassen hat.

Es ist so vieles passiert, in meinem Leben und dem unserer Familie, bei Freunden und in der Welt, Gutes, Wunderbares, auch unsagbar Trauriges … aber immer war es einfach nur Veränderung – denn das ist das Urprinzip des Lebens.

Aus heutiger Sicht und meinem enorm weiterentwickelten Verständnis dafür, wie die Dinge alle zusammenhängen, war der »Tod« unseres Sohnes der Auslöser zu spirituellem Wachstum von sehr großem Ausmaß.

Es hat das Weltbild unserer anderen Kinder, weiteren Familienangehörigen, selbst viele meiner Freunde mehr oder weniger stark beeinflusst, verändert und bereichert.

Unzählige Bücher, zunächst aus dem esoterischen und spirituellen sowie parapsychologischen Bereich habe ich buchstäblich verschlungen, um den Verlust von Leif zu bewältigen.

Später kamen Lebensberatungslektüre, Gesundheits- und Ernährungsratgeber und vieles mehr dazu.

Mein Leben und die Weltanschauung haben sich komplett gewandelt. Die Vorstellung, ja die Überzeugung, dass es ein Leben nach dem Tod oder die Existenz von Geistführern oder Engeln gibt, hatte ich vor dieser Zeit so gut wie nicht. Eher hatte ich Angst vor dem Tod, der ungewissen Dauer meines eigenen Lebens und eine gewisse Ergebenheit in die Härte und Mühsal, die meine Existenz im Allgemeinen prägte. Diese Haltung und Überzeugung ordne ich heute dem irdischen »Schlafwandler« zu, der ich damals noch war, und was den spirituell Unerwachten so eigen ist.

Dann passierte das Unvorstellbare: Unser Sohn verunglückte tödlich.

Und gleichsam fast augenblicklich explodierte mein tiefstes Wissen und die göttliche Wahrheit um die multidimensionale Existenz in uns in mein Gewahrsein wie ein Tropfen Benzin, der auf schwelende Kohlen fällt und ein loderndes Feuer entfacht.

Schlagartig wusste ich, dass sich hier eine Abmachung, die vor langer Zeit zwischen mir, der Familie und Leif auf höherer Ebene getroffen worden war, erfüllte, auch wenn der Schock und der Schmerz mir fast den Verstand raubten.

Aber dann erlebte ich den telepathischen Kontakt mit meinem Sohn vom ersten Moment an, als er im Koma lag.

Irgendwie überkam es mich einfach und es war mir aber auch nicht beunruhigend fremd. In dieser Zeit hatte ich auch erste Kontakte zu einem Heiler, der in der Region unseres Zuhauses lebte.

Er konnte anhand einer Fotografie zu einer Person Kontakt aufnehmen, egal wo und in welchem Zustand diejenige sich befand.

Bei ihm fanden wir den ersten Trost nach Leifs Hinübergang, als er uns mitteilte, dass er unseren Sohn in einem unglaublich strahlenden Licht sah und er durch sehr viel Energie über Gebete liebevoll begleitet war.

Erste einschlägige Erkenntnisse und Veränderungen in meinem Leben kamen über die grandiosen Werke von N. Donald Walsh. Beim Lesen der ersten drei Bände erlebte ich eine völlige Offenbarung, was die Existenz einer göttlichen Energie betraf. Auch ich konnte mein Leben lang mit der Darstellung eines uns übergeordneten Gottes, der streng über das Leben eines jeden einzelnen Menschen richtet und ihn gegebenenfalls auf immer verdammt, nichts anfangen.

Das Bild der Urquelle, die immer absolut liebend und uns ständig zur Verfügung steht, wie immer wir sie auch nennen wollen, konnte ich von ganzem Herzen in meinem tiefsten Innern mit einer nie gekannten euphorischen Freude annehmen.

Ebenso erlebte ich bei der heilenden Lektüre aber auch, dass ich in einer Ehe lebte, die ich für mich dringend ändern musste.

Alle setzte sich für mich logisch und verständlich zusammen. Jedes Wort hallte in mir als eigene Wahrheit zurück. Manchmal verschlug mir die Macht der Worte, die ich las, buchstäblich den Atem. Das Gefühl, wirklich in einem Austausch mit »Gott« oder der tiefsten Quelle allen Seins zu kommunizieren, war überwältigend und löste in mir ein Empfinden des Glücks, ja Euphorie und Erleichterung aus, wie ich es noch nie vorher empfunden hatte.

Ich begriff, dass es das wirklich gibt, die innere Weisheit, das universelle Wissen, welches jeder Mensch in sich trägt, so wie es in diesen Büchern beschrieben stand.

Über die unendlich trostbringenden Botschaften, dass unsere lieben »Verstorbenen« in größter Lebendigkeit und Freude weiterexistieren und immer Kontakt zu uns haben können und wollen, sobald auch wir nur den leisesten Wunsch oder Gedanken daran hegen, ergab es sich, dass die Informationen aus den Schriften meine persönliche Vorstellung von den Dingen über Gott und die Welt komplett »umkrempelten«.

Schlagartig wurden Schleier der Verwirrung und Ungereimtheiten aufgehoben und ich hatte eine Klarheit über unzählig viele Dinge wie nie zuvor. Das Gefühl, aus einer Art »Dornröschenschlaf« erwacht zu sein, war fast erschreckend.

Mir wurde bewusst, dass auch ich, wie der größte Teil der Menschheit, wie Schlafwandler durchs Leben gehen, geprägt durch Erziehung, Kultur und sozialen Stand ein mehr oder weniger leichtes Dasein haben.

Ob arm oder reich, meistens geht es im Allgemeinen darum, die grundlegenden Bedürfnisse für Familie und Überleben zu sichern. Im »Hamsterrad« der modernen Welt sind wir alle damit beschäftigt, den beruflichen Alltag zu bewältigen und unsere Pflichten zu erfüllen.

Jedenfalls waren dies meine persönlichen Glaubenssätze bis zu exakt diesem Zeitpunkt meines Lebens, im Alter von 40 Jahren:

Man muss mit den vielen Niederschlägen im Leben klarkommen, man hat sich anzupassen, auch wenn es sich oft sehr schlecht anfühlt ...

Das Leben ist ein ständiger Kampf.

In einer unglücklichen Ehe musst du die Zähne zusammenbeißen und trotzdem deine Pflichten als Mutter immer in den Vordergrund stellen.

Du kannst nicht einfach machen, was dir wirklich größte Freude bereitet oder dir ein tiefes Glücksgefühl beschert ...

Und dann las ich genau das Gegenteil von all diesen Dingen in den Büchern. Es war eine unbeschreibliche Befreiung, ein wirkliches »Erwachen«!

Ich erinnere mich noch genau an die Textstelle im Buch Band 1 von »Gespräche mit Gott«, die mich unglaublich wachgerüttelt hat:

»... als glaubtest du, das Festhalten an einer Beziehung bedeute, dass sie erfolgreich sei. Versuche Langfristigkeit nicht mit einer gut bewältigten Aufgabe zu verwechseln. Denk daran, dass deine Aufgabe auf diesem Planeten nicht darin besteht, dass du zusiehst, wie lange du es in einer Beziehung aushalten kannst, sondern darin, dass du entscheidest und erfährst, wer-du-wirklich-bist.« ... (Bd. 1, S. 212)

Obwohl ich schon als Kind sehr »willensstark« war und mein Bauch mich immer sehr deutlich gewarnt hat, wenn etwas nicht in Ordnung war oder sich alles in mir auf widerspenstigste Weise gesträubt hat, etwas zu tun oder anzunehmen, dem ich nicht zustimmen konnte, hatte ich dies mit den Jahren und dem Erwachsenwerden verloren.

Zunehmend hatte ich mich angepasst, weil mir zu oft signalisiert worden war, dass es nicht okay ist, wie ich war: eigensinnig, nicht bereit, alles brav von der Erwachsenenwelt zu übernehmen. Ich war das »schwierige« Kind.

So rutschte ich in unglückliche Beziehungen, worin ich mich auch weiterhin verlor und meine Spontanität und den freien Geist, der alles für möglich hält, schlichtweg irgendwo in mir vergrub.

Nun las ich, dass genau das unser absolutes Daseinsrecht ist! Frei sein und sich in erster Priorität selbst zu verwirklichen!

In jenem Moment nahm diese Sehnsucht, die ich schon lange beim Lesen der »Gottbücher« gespürt hatte, dramatische Formen an: Ich wollte den Autor dieser Bücher unbedingt persönlich erleben, kennenlernen, wusste ich doch, dass er in seinem Heimatland, den USA/Oregon, regelmäßig sogenannte Retreats (Workshops) abhielt.

Ich begann im Internet Informationen einzuholen und die damaligen Newsletter auf der Web-Site von Mr Walsh in Englisch zu lesen, um meine über 20 Jahre zurückliegenden Schulkenntnisse in dieser Sprache aufzufrischen.

Es erwies sich als absolut motivierende und inspirierende Sache, neue Vokabeln und Inhalte zu erarbeiten. Ich war mit Eifer bei der Sache.

Ich war in der Tat »beflügelt«, erfährt Neale doch in seinem Austausch mit der höchsten Quelle, dass es diese euphorische Motivation ist, die den einzelnen Menschen beim direkten Kontakt mit seiner Seele und deren höchstem Bestreben nach Freude erfüllt.

Ich erfuhr zum ersten Mal, wie es sich anfühlt, wenn man den Mut hat, das Gelesene umzusetzen, die drei Schritte zu vollziehen:

Gedanke
Wort
Tat!

Ich erlebte, dass dort tatsächlich das wahre Leben anfängt, dort, wo du dich aus deiner sogenannten vertrauten Zone hinausbegibst, ins Ungewisse, absolut Neue, Unbekannte, Herausforderung pur ...

So meldete ich mich im Jahre 2003 zu einem fünftägigen Retreat in Sedona/Arizona bei Neale Donald Walsh an unter dem Thema: »Recreate yourself« (Erschaffe dich selbst erneut). Ich buchte zwei Tage früher einen Flug nach Phoenix, wo ich noch in einem kleinen Nebenort ein wenig die Zeitverschiebung verdauen wollte, um möglichst aufnahmefähig an diesem Event mit ungefähr 100 Personen teilnehmen zu können.

Eine weitere Herausforderung bestand darin, meinen Mann über dieses fest beschlossene Vorhaben zu informieren. Er ist ein sehr bodenständiger Mensch, der durch seine berufliche Situation eine solch weite Reise nie in Betracht gezogen hat. In unseren Ehejahren hatte ich mich auch in dieser Hinsicht angepasst, dass Reisen und Urlaubmachen eine Luxusangelegenheit ist, die sich nur andere erlauben können.

Jetzt war mir aber wieder klar geworden, dass das Reisen und Entdecken der Welt, neue Kulturen und Menschen kennenzulernen, zu meinen tiefsten Wesenszügen gehört, ja mich äußerst lebendig fühlen lässt.

Finanziell hatte ich die Dinge hauptsächlich aus eigenen Quellen abgedeckt.

Wie erwartet, reagierte mein Mann zunächst völlig entgeistert und war so aufgebracht, als wollte ich zum Mond reisen ... (Wobei es mir selbst so vorkam!)

Aber ich blieb einfach standhaft und musste mit diesem Widerstand umgehen.

Ich war wochenlang so aufgeregt, in solch einer Vorfreude, ich konnte die Erregung kaum beherrschen, dass ich dachte, vorher noch einen Herzstillstand zu erleiden!

– 20 –

Im März 2003 flog ich also zum ersten Mal in meinem Leben in die USA, lange, lange gehegter Traum, alleine und voller Energie, eine Abenteuerlust, die ich nie vorher erlebt hatte! Meine Freundinnen waren zum Teil sprachlos angesichts solch eines mutigen Unterfangens und gaben zu, dass sie sich dies nicht trauen würden, alleine zu reisen ...

Ich hatte dagegen nicht den geringsten Gedanken an irgendwelche Gefahren, mich auf den Flughäfen zu verirren, oder Angst, in ein Taxi zu steigen, das mich zum Hotel bringen würde, dass ich dort alleine nächtigen und die Umgebung erkunden würde.

Was ich erlebte, gehört bis heute zu den absoluten Highlights meines Lebens, und es war nur der Anfang meines persönlichen wunderbaren Abenteuers: das neue Verständnis von persönlicher Lebensgestaltung und Glück.

Von Phoenix Flughafen brachte ein über Neales Organisatoren schon lange vorher georderter Bus mich und andere Teilnehmer in einer zweistündigen Fahrt durch die weiten, wüstenähnlichen Landschaften in dieser Region von Arizona in das berühmte Sedona. In einem Gebiet, weiter weg vom Ort, wo noch ansässige Nachfahren von Indianern leben, sollte das Seminar in einem spirituellen Zentrum, direkt in der Nähe, wo sich die berühmten Vortex befinden, stattfinden. Vortex sind spiralförmig laufende Energiequellen aus dem Erdreich, die auf spiritueller Ebene vom einzelnen Menschen erfühlbar sein können.

Schon im Bus machte ich wunderbare Erfahrungen. Die anderen TeilnehmerInnen erwiesen sich als die so äußerst freundlichen, offenen Menschen, wie man es so häufig den Amerikanern nachsagt. Sehr persönliche Gespräche führten auch hier zu der Frage, was mich denn als Deutsche motiviert habe, allein eine solch weite

Reise zu unternehmen. Und ich erzählte meine Geschichte, vom Verlust unseres Sohnes Leif und dass die Bücher von Neale mir ein völlig neues Lebensverständnis und den Mut, mein Leben in voller Freude weiterzuleben, gegeben hätten.

Ich erlebte Betroffenheit, Tränen der Rührung und auch Faszination in den Augen meiner Zuhörer. Ich spürte Bewunderung und Angenommensein von Gleichgesinnten, Menschen, die ein Leben mit direktem göttlichen Kontakt wirklich leben wollten oder schon lebten. Es war ein wunderbares Gefühl von Verbundenheit.

Die Begegnung mit Neale, den Menschen, die fünf Tage waren magisch und der Beginn meines persönlichen Wachstums und unglaublicher Bereicherung in jeder Hinsicht.

Ich schloss Freundschaft mit einer Amerikanerin aus Kalifornien, die den gleichen Beruf wie ich ausübte und mich einlud, sie zu besuchen, wann immer ich wollte. Bald darauf sah ich im Fernsehen eine Reportage über den traumhaft schönen Yosemite Nationalpark in Kalifornien. Ich war wieder einmal wie elektrisiert, seltsam erregt, und ein starkes Verlangen befiel mich, zu diesem Park reisen zu müssen. Es war schon sichere Entschlossenheit, dass mir dies auch gelingen würde.

Es fügte sich wie von Geisterhand, dass ich schon fünf Monate später diesen Wunsch in die Tat umsetzen konnte und bei meiner neuen Freundin zehn Tage in ihrem Hause zu Gast war, und sie fuhr mit mir drei Tage in dieses Naturparadies!

Bei der Einreise in den Park und dem ersten Anblick des »Half Dome«-Felsens in seinem majestätischen Tal war es fast wie ein Schock! Ich spürte ein intensives Wiedererkennen. Ich wusste: Hier bin ich schon einmal gewesen!

In Meditationen und Traumreisen zu einem schönen Ort hatte ich immer genau dieses Szenario gesehen und nun eröffnete es sich real vor meinem Auge.

Ich brauchte buchstäblich eine Weile, um diese Erkenntnis zu verarbeiten.

Seit ich die Bücher »Bestellungen beim Universum« von Bärbel Mohr, »Frage und dir wird gegeben« von J. & Esther Hicks und etliche ähnlichen Inhalts gelesen habe, weiß ich, dass schon das starke Verlangen und freudige Erregung genügend Antriebsenergie bereitstellen und die universelle »Liefermaschine« in Gang setzen, dir das sehnlich Gewünschte zukommen zu lassen.

Wenn man diese Dinge erfährt, fühlt es sich zunächst fast unheimlich an, dass es sich tatsächlich in deinem Leben ereignet.

Es funktioniert auf allen Ebenen! Ich habe in den folgenden Jahren größte Veränderungen vorgenommen und Träume erfüllt: Ich »bestellte« mir neue Wohnungen, ein neues Auto, einen perfekten Arbeitsplatz, der genau zu meinen momentanen Bedürfnissen passt; und viele schöne Reisen konnte ich bisher schon realisieren.

Was dabei besonders auffallend ist: Man muss nur das Bedürfnis nach einer Veränderung, ja Verbesserung einer Situation oder Sachlage verspüren – die Bestellung ist damit schon »angekommen« ... Es ist, als ob die geistige Welt schon alles parat hat. In dem Moment, wo man sich bewusst entscheidet und nur schon in Gedanken sagt: »So, jetzt will ich dies oder das!«, und dann entsprechende Dinge unternimmt, wird »geliefert«, in einer Schnelligkeit, dass einem Hören und Sehen vergeht.

Im Buch »*The Secret*« gibt es die Aussage: »Das Universum liebt Schnelligkeit.«

Diese Tatsache kann ich absolut bestätigen. Im Jahre 2010 war ich in Belgien schon einige Monate arbeitslos gewesen und auch meine Wohnsituation wollte ich verbessern. Ich hatte eine schöne Wohnung mit Garten und Grill in herrlicher Lage auf dem Land. Aber das Rasenmähen und sehr anstrengende Schneeschaufeln im Winter waren mir zur unangenehmen Belastung geworden.

Eines Abends dachte ich glasklar: »Jetzt reicht es! Ich suche mir einen neuen Job in meiner Heimatstadt in Deutschland und eine neue Wohnung!«

Ich setzte mich umgehend an den Computer und suchte im Internet nach einer Stelle im Erziehungsbereich und die Wohnung.

Ich bewarb mich schriftlich per Mail auf Stellen.

Unter den Wohnungen sprach mich eine besonders an. Es war die einzige Anzeige, der keine Fotos zugefügt waren, aber sie schien perfekt zu sein: Vorzugsweise an ruhige Einzelperson zu vermieten, zweieinhalb Zimmer mit eingerichteter Küche und Bad, Kachelofen, zentral und doch ruhig gelegen und mit vielen Extras ...

Es war die einzige und erste Wohnung, die ich besichtigte. Ich erhielt den Mietvertrag noch in derselben Woche! Die Extras: Einliegerwohnung mit separatem eigenen Eingang in einem wunderschönen Altbau, Partykeller, das Gästezimmer für meine Kinder und eine traumhafte Terrasse mit Blick auf riesigen Garten, den ich nicht bearbeiten oder Rasen mähen muss; frisch gestrichen nach meinen Farbwünschen, ruhig, weil nur Vermieter selber und noch eine weitere Partei im Obergeschoss des Hauses wohnen.

Auch die Stelle erhielt ich in derselben Woche! Mein Glück war so perfekt, dass ich es kaum fassen konnte. Das Universum lieferte mir den »Joker«, wie ich es immer gerne nenne, wenn die Dinge sich noch perfekter fügen, als man zu träumen wagte: z. B. den Garten, den Partykeller, renoviert.

Man braucht sich nur bedanken!

Wohnung und Arbeitsplatz waren schon da, warteten auf mich, ich musste nur den gigantischen Katalog »Universum« aufschlagen und aussuchen, bestellen, fertig!

Sich im Voraus für einen Wunsch bedanken, hat eine sehr starke Anziehungsenergie.

Seit etlichen Jahren nun begleiteten die zahlreichen Bücher der esoterisch-spirituellen Art mein Leben, während die Kontakte mit Leif vieles bestätigten.

Veröffentlichungen über das Leben im Jenseits, die Existenz der Engel und Geistwesen brachten mich zu Büchern über persönliche

Lebensfragen, Heilung des Körpers und von Traumata und das Finden des eigenen Selbst.

Türen wurden aufgestoßen zu völlig neuen Welten, neuen Einsichten und Erkenntnissen. Es ergaben sich daraus Erlebnisse auf verschiedenen Ebenen wie Astralreisen, Begegnungen auf Traumebene und Botschaften über Träume.

So erfuhr ich auch, dass wir multidimensionale Fähigkeiten haben, wobei sich bei mir das »Hellfühlen und -hören« mit der Zeit besonders manifestiert haben und ich diese Fähigkeiten als wunderbare Bereicherung in meinem Erleben angenommen habe.

Es geschieht vor allem bei Entspannungsübungen und Meditationen, besonders in Gruppen, dass ich sehr schnell die Anwesenheit von Engeln und anderen höheren Wesen spüre und sie dann im Raum auch mit meinem »inneren« Auge sehen kann, wie in einem inneren Film.

Häufig ist der Raum voll von diesen liebenden Schutzwesen, sie sind groß und meist hell leuchtend und ich kann ihre genaue Position sehen.

Ich spüre, wenn sie mich wo berühren, was von einer starken Wärme oder deutlichem Prickeln an dieser Stelle begleitet wird.

Das »Hören« ist die deutlich andere Stimme, die zu mir spricht, wenn es Botschaften von meinem Geistführer oder Leif sind, eine starke Intuition auch, die mich Dinge tun lässt, die ganz klar nicht mit dem Verstand entschieden werden. Wenn ich z. B. »denke«: »Tu es jetzt!«, oder: »Nimm besser diesen Weg«, oder: »Warte noch ein paar Tage«, »Geh zurück!«, und Ähnliches ...

Bereichert und bestätigt, dass Phänomene dieser Art auch andere Menschen erleben, fand ich im Laufe der Jahre auch immer wieder in anderen Medien, wie wunderbaren spirituellen Filmen, Liedern und vor allem meinen geliebten englischsprachigen Kalendern, die mich täglich begleiten.

Mehrere Seminare mit Neale und die neuen Freundschaften mit den Menschen aus verschiedensten Teilen der Welt veranlassten mich dazu, die geliebte englische Sprache intensiv zu pflegen. Das Lesen englischer Bücher und Zeitschriften gehört nun zu meiner persönlichen Weiterbildung, Bereicherung und Inspiration.

Für das Jahr 2011 bestellte ich einen schon zuvor erwähnten Abreißkalender in den USA aus der »Page-a-day«-Serie, die »One-minute devotions«, was so viel bedeutet wie »Ein Minuten-Andachten«.

Menschen haben kleine Erlebnisse geschildert, die ausschließlich spiritueller Natur und von religiösen Überzeugungen geprägt sind.

Besonders berührend und oft regelrecht ergreifend waren die Erzählungen der Wochenendblätter, die auch den Übertitel: »Mysterious ways« hatten.

Drei habe ich ausgewählt, um dem Leser erneut die Wahrhaftigkeit unserer spirituellen Welt nahezubringen:

Die Geschichte vom 12./13. Februar:

Nächtelang hatte ich wach gelegen und darüber gegrübelt, ob wir die richtige Entscheidung getroffen hatten. Unser kleines Stadtrandhäuschen würde bald verkauft sein und wir würden in das große zweistöckige Haus nach Memphis-Stadt ziehen.

Das feine alte, 1914 erbaute Haus war in einem baufälligen Zustand. Erbleichte Tapeten hingen in Fetzen von den Wänden und Decken, und eine Schicht von Staub und Ruß bedeckte die glasbemalten Fenster und Eichenverzierungen.

Je näher der Umzugstag rückte, desto größer wurden meine Zweifel.

Was, wenn sich die Restaurierungsarbeiten als schwieriger und kostspieliger erwiesen, als wir erwartet hatten? Ich hoffte und betete, dass wir die richtige Entscheidung getroffen hatten. Aber mir war unwohl.

Der Umzugstag kam und ging. Wir verbrachten Nächte und Wochenenden mit dem Ablösen von Tapeten, Verputzen von Wänden und Abbeizen von altem Anstrich.

Dann, eines Samstagnachmittags, als ich nach Hause kam, fand ich David im Esszimmer, wo er die letzte Schicht Tapete entfernte.
»Debby!«, rief er aufgeregt, »komm und schau!«
Ich kam hinüber zu der Wand, die er gerade freigelegt hatte. Er deutete auf ein Schriftgekritzel.
Dort stand ein Name geschrieben – ein Arbeiter, der ursprünglich die Tapete aufgebracht hatte?
Wir hatten keine Ahnung. Und dann war da das Datum: 4. November '14.
Der Name auf der Wand war der unsrige: Bledsoe. Und der 4. November ist mein Geburtstag.
Wir waren zu Hause!
Debby Bledsoe

*

5./6. März 2011:
»Bleib vom Pool weg, Danny!«, warnte ich meinen drei Jahre alten Jungen, der im Hof auf seinem Dreirad herumfuhr.
»Ja, Mum«, sagte er gehorsam.
Während ich dem Geräusch des Plastikgefährts lauschte, ging ich seufzend zurück in die Küche. Es war nicht leicht, eine Witwe zu sein, und zwei Kinder alleine zu erziehen war oft anstrengend.
Ich war sehr geschäftig im Haus gewesen, bis mich etwas schlagartig innehalten ließ. Ich spitzte die Ohren. Kein Ton mehr von Dannys Dreirad.
Ich hastete zum Küchenfenster und schaute zum Swimmingpool. Dannys Rad trieb im Wasser, und dort war auch, mit dem Gesicht nach unten, Danny.
Verzweifelt zog ich Danny aus dem Wasser und versuchte Mund-zu-Mund-Beatmung und Herzmassage, aber sein Körper war kalt und sein Gesicht grau.
Dann kamen die Sirenen, die Sanitäter, der Hubschrauber, der Danny weg zum Krankenhaus brachte, wo er im Koma liegen sollte.

Endlich, nach meinem langen, gebeterfüllten Wachen, öffnete Danny seine Augen.

Bald war er wieder wohlauf, kam nach Hause und spielte wie gewöhnlich.

Aber irgendwie wirkte er verändert.

Eines Tages platzte er heraus: »Mummy, ich möchte ein Foto von Daddy sehen.«

Mir war nicht bewusst gewesen, dass ich meinem Sohn bisher nie ein Foto seines Vaters gezeigt hatte, der vor Dannys Geburt gestorben war. Das erste Foto, das ich fand, zeigte meinen Mann mit seinem Baseballteam.

Danny betrachtete es einige Augenblicke. Dann zeigte er auf einen der Coaches.

»Das ist mein Daddy«, sagte er.

»Woher weißt du das?«, fragte ich.

»Er sprach zu mir im Krankenhaus, bevor ich erwachte. Er sagte: ‚Du musst jetzt nach Hause gehen. Mummy braucht dich!'«

Ich schaute auf den Mann, auf den Danny gezeigt hatte. Es war sein Vater, den er nie vorher gesehen hatte.

Cathy Slack

*

11./12. Juni

Ich war 75 Jahre alt. Das Gras unserer 121 Morgen großen Milchviehfarm musste gemäht werden, so befestigte ich den Mähbalken an meinem Traktor und ging an die Arbeit. Der Traktor war enorm und für die zusätzliche Zugkraft waren seine Hinterräder mit 500 Pfund Gas gefüllt, sowie ein 200 Pfund schweres Gewicht hing an jeder Nabe.

Als ich fertig war, befand ich mich leicht hügelaufwärts in der Nähe unseres Hühnerstalls. Ich schaltete die Zündung aus und kletterte vom Sitz. Ich war dabei, den Mähbalken abzulösen, als der Traktor sich rückwärts in Bewegung setzte. Ich versuchte herumzudrehen und auf den Sitz

zurückzuspringen, aber es gelang mir nicht. *Die Kuppelstange des Traktors schlug mich auf die Knie, dann flach zu Boden, und das 700 Pfund schwere linke Rad rollte auf meine Brust und blieb darauf stehen. Ich rang nach Atem. Der Schmerz war zermarternd.*
Ich wusste, ich schaute dem Tod ins Auge und sprach meine Bitte.
»Bitte, Gott«, bettelte ich, »rette mich!«
In diesem Moment setzte der Traktor sich wieder in Bewegung. Er rollte weit genug vorwärts, um meine Brust freizugeben, und fuhr, zu meinem unfassbaren Erstaunen, hügelaufwärts!
Mein Hund und etwas später ein Helfer fanden mich. Nach zwölf Tagen Krankenhausaufenthalt mit sechs gebrochenen Rippen und zwei Brüchen war ich wieder zu Hause. Ich sprach mit dem Maryland-Landespolizisten, der gekommen war, um den Unfall zu untersuchen.
»Ich werde nicht versuchen, es offiziell zu erklären«, sagte er zu mir. »Ich kann nicht begreifen, was da draußen passiert ist. Nicht ein Dutzend Männer hätten diesen Traktor von Ihnen wegbekommen.«
Zwölf oder zwölfhundert Männer ... spielte keine Rolle. Gott um Hilfe zu bitten, genügte.
Lloyd B. Wilhilde

Unendlich viele solcher Geschichten, Erzählungen und Erlebnisse von Menschen aus aller Welt, festgehalten in etlichen Büchern, erbringen deutlichste Beweise von der Existenz einer feinstofflichen, geistigen Welt, mit der wir sehr eng verbunden sind, wenn wir uns nur öffnen dafür. Wir werden empfänglicher für die spirituellen Botschaften, vielleicht von lieben Verstorbenen oder unseren geistigen persönlichen Führern, die uns helfen oder inspirieren.

Die Lebenshilfebücher (siehe Anhang) führten zwangsläufig zu der Erkenntnis, dass ich etliche psychische »Baustellen« aus Kindheit und Entwicklung mit mir rumschleppte, und die extreme Krise in meiner Ehe drängte mich dazu, es verändern zu wollen.

Dies hatte auch zur Folge, dass ich ständig an meinem Mann »rüttelte« und wir gemeinsam eine psychologische Beratung bei Therapeuten suchten, die ganzheitlich arbeiten und die Belange der Seele sowie die körperlichen Störerscheinungen in direktem Zusammenhang sehen.

Familienaufstellungen brachten viel Klärung für meinen Mann und mich, etliche Themen wurden für immer gelöst.

Während diese Form der Bewusstwerdung mein Leben so drastisch verändert hat, hat es meinen Mann zum Teil berührt, unser beider Wege aber eher auf eine parallele Laufbahn gebracht.

Mir ist mittlerweile klar, dass offensichtlich genau diese Tatsache meine wohl wichtigste Erfahrung (Lektion) in diesem Leben zu sein hatte:
- Loslassen.
- Alles darf so sein, wie es ist.
- Der andere hat ein Recht auf seinen Weg.
- In jedem Drama steckt das Potenzial eines großen Geschenks!

Fiel es mir doch jahrelang so schwer, dies für mich selber und andere, besonders für meine Ehe, zu akzeptieren: das Aufgeben, alles kontrollieren und im Griff haben zu wollen, aber auch das Loslassen der eigenen Schuldgefühle, versagt zu haben!

Der Weg dorthin schien mir zuweilen mühsam und nie enden wollend, aber immer halfen mir die zutiefst stärkenden Botschaften weisester Autoren weiter auf meinem Weg:

Byron Katie schrieb das fantastische »Workbook« **»Lieben, was ist«.**

Sie beschreibt genau die Mechanismen, in die wir verfallen, wenn wir uns wieder in der Geschichte des anderen aufhalten, beschuldigen und verurteilen, anstatt bei uns selbst zu schauen, denn es wird uns nur der Spiegel vorgehalten! …

Ein Satz aus dem Buch von Louise Hay, »**Gesundheit für Körper und Seele**«, den ich immer wieder gerne als »Lieblingsaffirmation« nutze, bringt es kurz und bündig auf den Punkt: »Alles ist gut angelegt in meiner Welt.«
Neale D. Walsh kann es noch kürzer fassen: »Sei glücklich, egal was ist!« ...
Dies mag fast wie eine Provokation anmuten, aber ich habe es ausprobiert und auch erfahren ... Dieser Aussage liegt das Urgeheimnis des Lebens zugrunde:
Das Leben ist Produkt deiner Gedanken und Entscheidungen und Handlungen, vor allem deiner Wahrnehmung davon und welchen Blickwinkel du darauf wählst. Ja, es ist tatsächlich nur eine Sache des Blickwinkels auf eine Situation oder eine Erfahrung. Du hast immer die Wahl, was du daraus machst.
Wie entscheide ich, in Bezug auf den Jetzt-Moment zu sein?
Im Jetzt liegt das Geheimnis der absoluten Freiheit, des Loslassens und des inneren Friedens. Auch dies spüre ich immer wieder und immer häufiger, bleibt es doch zuweilen so schwer, von seinen Sorgen und den Gedanken um Vergangenheit und Zukunft abzulassen und sich auf den einzigen präsenten Augenblick **einzulassen** ...

Intensive und genaueste Betrachtungen zu diesem Phänomen fand ich im Meisterwerk von Eckardt Tolle: »**Jetzt – die Kraft der Gegenwart**«.

»*Die Gegenwart ist der Schlüssel zur Freiheit, folglich kannst du nur jetzt frei sein!*«

»*Trittst du ein in diese zeitlose Dimension des Jetzt, kommt die Veränderung oft in seltsamer Weise daher, ohne dass du selbst viel dazu tun musst. Das Leben wird kooperativ und gibt Hilfestellungen.*« ...

Dies ist freilich immer noch eine fast tägliche Herausforderung für mich, in meinem Bewusstsein so klar zu bleiben und wirklich präsent zu sein. Doch oft gelingt es mir und ich habe den Zustand von entspannter Gewissheit und Freude, dass alles gut ist, dass ich mich nicht verlieren kann, dass das Universum auch für mich gut sorgt, ja, dann weiß ich, was Freiheit ist, und spüre diese Leichtigkeit des Seins.

Die sogenannten »Hilfestellungen« des Lebens habe ich unzählige Male erlebt, auch dass sie auf die seltsamste Weise daherkommen. Dies sind die »Wunder-Momente«, gänsehautmäßige Erlebnisse, wie es mir noch erneut vor ein paar Tagen passierte und ganz klar Leif dabei war.

Gerade kürzlich war ich wieder einmal in sehr verzweifelter Verfassung, weil ich eine sehr wichtige Entscheidung zu treffen hatte und eine mir sehr nahestehende Person, deren Unterstützung ich mir sicher war, absolut unerwartet unangemessen reagierte und ich dadurch eine große Enttäuschung erlebte. Ich stand alleine mit meinem Problem da.

Nun war ich wieder in den Sorgen und dem Grübeln versunken, suchte nach einer guten Lösung. Um mich etwas zu entspannen, sagte ich einer Freundin zu, die mit meiner Begleitung in einem Möbelhaus bummeln wollte, um sich einen Couchtisch auszusuchen.

Schnell stellte sich heraus, dass meine Freundin dort nichts Passendes finden würde. Wir tranken Kaffee und stöberten anschließend noch hier und dort in Dekoartikeln. Ich schlug meiner Freundin vor, abschließend doch noch einen hinteren Bereich, der Kleinmöbel anbot, durchzuschauen, bevor wir heimfahren wollten.

»Gesagt, getan.« Es gab Schönes und Modernes zu sehen. Wir befanden uns in einem Bereich mit Stellregalen und kleinen verschiedensten Schreibtischen, dort, wo es eigentlich nichts mehr zu suchen gab. Beim Umherschauen fiel mein Blick auf einen hübschen Sekretär, auf dessen Ecke mehrere Bücher dekorativ angeordnet lagen. Der Titel des obersten Buches zog meine Aufmerksamkeit auf sich: »Papa, erzähl mir von der Liebe« oder so ähnlich.

Mehr nachlässig als wirklich entschlossen, dieses Buch zu öffnen, lehnte ich mich mehr oder weniger lässig hinüber, um mit der linken Hand mit einem Griff das Buch völlig wahllos, aber direkt in der Mitte zu öffnen.

Ich überflog den ersten obersten Absatz auf dieser Seite mehr, als dass ich ihn konzentriert las, und es verschlug mir doch augenblicklich die Sprache!

In etwa besagte der Inhalt: »*Menschen, die dich glauben lassen, dass sie dich lieben, und sich aber anders verhalten, sind wie Parasiten, die dir nur die Energie rauben ...*«

Ich fühlte sofort in meinem Innersten, dass es eine klare Botschaft für mich war, und mein Blick schweifte zum Seitenrand: Seite 45!

Beim genaueren Hinsehen stellte ich auch noch fest, dass das Buch wirklich nur ein Dekoprodukt war, es waren nur einige Seiten lose, der Rest war ein fester zusammengeklebter Block.

Die Quersumme davon ist 9! Und im selben Moment spürte ich die prickelnde, überaus große Gegenwart meines Sohnes, der mir spürbar mitteilen wollte:

»Mama, lass dich nicht belügen und verletzen!«

Das Erlebnis im Möbelhaus hellte natürlich meine Stimmung etwas auf. Meine Freundin schien die Situation auch kaum wirklich erfassen zu können. Nenne ich sie eine »Erwachende« bezüglich der Zeichen des Universums.

Eine Lösung hatte ich jedoch für mein Problem noch nicht und auch am nächsten Tag ging es mir noch nach.

Ich war gerade erwacht und dachte wieder auch über meinen gesamten Lebensweg nach, wie sehr sich meine innere und äußere Welt doch gewandelt hatte, wie sehr ich mich verändert hatte.

Just als ich dachte, dass der frühe Tod meines Sohnes mich erst auf den Weg gebracht hatte, mir meines eigenen göttlichen Potenzials in mir bewusst zu werden und es auch anzuerkennen, fiel mein Blick auf den Radiowecker neben meinem Bett: 9.09 Uhr.

»Mama, ja, dies war mein größtes Geschenk an dich und es ist mir eine große Freude!«

– 21 –

Je mehr sich mein spirituelles Bewusstsein entwickelte, desto mehr Mut hatte ich, wirklich Dinge zu tun, die mein Herz wünschte und mit denen ich mich zutiefst als authentisch erlebe.

Das Reisen in Städte und Länder wurde fester Bestandteil in einem für mich erfüllten Leben. Eine Gemeinsamkeit, die in kleinerem Rahmen mein Mann mit mir teilt und genießen kann.

Städte und Plätze, von alter Energie erfüllt, wo man Harmonie und Schönheit besonders spüren und sich förmlich davon aufladen kann, ziehen mich magisch an. Das Reisen hat für mich einen tiefen Sinn des Entdeckens und Bereicherns, das Fühlen des Verbundenseins mit der göttlichen Schöpfung in all ihrer unermesslichen Vielfalt bekommen.

Mit offenem Geist und Herzen bin ich in die fremde Welt gereist und habe nur wunderbare Menschen vieler Nationen kennengelernt, die meine Welt unglaublich verschönert haben.

Städte an Flüssen mit Brücken begeistern mich und ich durfte einige schönste der Welt schon erleben. Oft nur ein kostengünstiges Wochenende führte mich nach Prag, Florenz, Amsterdam, Paris, Heidelberg, Albi, Dresden, London, Rom etc. mit Freunden, Mann oder Kindern …

Immer waren die Reisen gut gelungen und wahrhaft gesegnet.

Die größeren Reisen, schon als Ferien erlebt, beschenkten uns noch weit mehr:

die Magie und die Wunder auf Island, das blaue Meer um Zakynthos, der botanische Garten und die kulinarischen Hochgenüsse auf Madeira, traumhafte Algarve in Portugal und faszinierendes Sevilla, die blaue Lagune von Malta, die Wunderwerke und göttlichen Werke und Bauten von Gaudi in Barcelona, die beeindruckenden Kreidefelsen auf Rügen, eine Wüste in Tunesien,

Honfleur, malerisches Hafenstädchen in der Normandie – überall kann man die Schönheiten des Schöpfers bestaunen.

Hier nun fällt mir wieder eine absolute Engelführung ein, die sich bei meinem Urlaub auf der herrlichen Insel Zypern ereignete, wo die Illusion des Zufalls erneut bestätigt wurde:

Meine Tochter Judith hatte während ihres Germanistikstudiums ein Auslandspraktikum von vier Monaten zu absolvieren und genoss das Glück, von September bis Dezember auf diese schöne warme Insel reisen und dort leben zu dürfen. Schnell hatte sie sich eingelebt in Uni und ihrer kleinen Wohnung, mitten in Nicosia. Sie liebte das einfache Leben der Leute, hatte einige gute Freundschaften, genoss traumhafte Strände und Meer in ihrer Freizeit.

Eines Tages, bei ihrem allwöchentlichen Bummel über den Früchtemarkt, wurde sie von einem Mann angesprochen. Er stellte sich als Maler vor, der von ihrer Ausstrahlung und Erscheinung schlichtweg hingerissen schien.

Es war *Andreas Charalambous*, einer der bekanntesten Künstler der Insel. Er bat Judith, sie malen zu dürfen, und schlug ihr stündlich bezahlte Aktsitzungen vor.

Sie willigte ein, verbrachte viele Stunden als liegendes Model in seinem Atelier, wobei der Mann überaus diskret und professionell arbeitete und sich nebenbei als ganz feiner und gebildeter Mensch präsentierte. Wieder einmal gestaltete sich diese Begegnung für beide als eine wechselseitige, nur förderliche und zutiefst bereichernde Erfahrung.

Mit Verblüffung und Bewunderung lauschte ich Judiths Schilderungen, als sie mir zum ersten Mal von dieser magischen Bekanntschaft berichtete. Den Höhepunkt fand dieses Ereignis in der Tatsache, dass das Bild in der folgenden Ausstellung in Griechenland schon präsentiert wurde und ein Ausschnitt davon die Coverseite des begleitenden Heftes mit den ausgestellten Werken des Malers gestaltete. Judith und Andreas verband schließlich eine echte Freundschaft und bis heute hütet Andreas dieses Werk als eines seiner besten und unverkäuflichen, weil Judith seine Muse war.

Als Judith wieder zurück in die Heimat kam, konnten wir uns persönlich von dieser beeindruckenden Tatsache überzeugen und sie in dem mitgebrachten Kunstkatalog bewundern. Auch auf Zypern war der Abschied wieder schwer gewesen und Judith hatte dem Maler versprochen, eines Tages noch einmal zurück auf die Insel zu kommen, um dort Urlaub zu machen und ihn zu besuchen. Aber wie so oft verging die Zeit schnell und sie verloren den Kontakt.

Als ich nun 2010 meinen Urlaub auf Zypern buchte, bat Judith mich, auf jeden Fall dem Maler einen Brief mitzunehmen, den sie vorbereiten wollte. Ich sollte bei einem Besuch der Hauptstadt das Atelier des Künstlers aufsuchen und ihn finden ...

Als ich nun meine ersten Tage des Urlaubs genoss, stellte sich heraus, dass eine Busfahrt nach Nicosia vom Hotel aus schon nicht mehr zu buchen war, da die Nebensaison bereits begonnen hatte. Ich hatte die Möglichkeit, sehr frühmorgens mit dem Linienbus zu fahren und abends zurückzukommen.

Ich entschloss mich bald dazu, damit ich überhaupt etwas von der Insel zu sehen bekäme, aber auch, weil es mich drängte, dies zu tun.

Es hatte sich nicht gefügt, dass Judith mir einen Brief für den Maler vorbereiten konnte, und ich hatte nicht geplant, Letzteren zu suchen ...

Es war ein wunderbarer, sonniger, heißer Tag. Mitten in Nicosia war Endstation, und ich machte mich auf zu einem gemütlichen Bummel durch die wunderschöne Altstadt. Enge Gässchen mit vielen geschmackvollen Kunstläden und landestypischen Produkten verströmten eine alte, geschichtsträchtige Energie.

Ich stöberte hier und dort – und plötzlich stand ich vor einem winzigen Laden, dessen kleine Kunstwerke mir beim Anblick den Atem verschlugen!

Es waren die kleinen Engelbroschen und Anstecknadeln, von denen Judith mir damals eine als Geschenk mitgebracht hatte, einschließlich einer fast märchenhaften Geschichte, wie sie mit der Künstlerin, die diese kleinen, einzigartigen Schmuckstücke fertigte, ein langes und sehr persönliches Gespräch geführt hatte.

Die Frau hatte ein bewegtes und auch schweres Leben gehabt, der Austausch mit Judith war sehr vertraut gewesen, und irgendwie hatte es sich ergeben, dass die Künstlerin ganz speziell für mich einen Ansteckengel aus Perlen, Fingerhut und Flügeln aus Kupferblatt als Geschenk gestaltete.

Nun stand ich wie von Geisterhand geführt selber vor diesem winzigen Lädchen und ging sofort hinein.

In der hintersten Ecke entdeckte ich eine Frau, die nur die besagte sein konnte. Sie war wieder mit dem Fertigen eines Schmuckteils beschäftigt. Ich sprach sie gleich auf Englisch an und sagte ihr, dass meine Tochter mir vor einigen Jahren diese wunderschöne Anstecknadel aus ihrem Laden mitgebracht habe.

Selbstverständlich war die Frau angenehm überrascht von meinem Bericht. Als ich aber dann Judiths kleines Foto aus meiner Tasche nahm, das ich immer bei mir trage, machte sich maßlose Verblüffung auf ihrem Gesicht breit.

Ja, sie erinnerte sich an Judith und das Gespräch und fand es auch aufregend, dass ich den Weg zu ihrem Geschäft gefunden hatte.

Auch wir waren schnell in einem sehr persönlichen Gespräch und erzählten sehr lange. Es war um die Mittagszeit und es kamen keine anderen Besucher (als ob es so sein sollte …). Ich erwähnte auch irgendwann, dass ich schon überzeugt sei, durch liebevolle höhere Fügung, bestimmt von Engeln, zu ihr geführt worden zu sein, sei es nur, weil es so eine nette, persönliche Begegnung war.

Dann öffnete sich die Tür und ein großer, gepflegter Mann, hellgraues Haar und Bart, kam herein. Die Ladenbesitzerin begrüßte ihn umgehend freudig, wie zwei alte Freunde es tun. Sie stellte ihn mir auch als solchen vor, er nenne sich Andreas.

Ich hatte damals nicht näher mit Judith über das Vorhaben, einen Brief mitzunehmen, gesprochen. Da es auch nicht geplant war, hatte ich den Namen des Malers nicht mehr in Erinnerung, noch je ein Foto von ihm gesehen. Aber augenblicklich, als dieser Mann mir gegenüberstand, überkam mich das Gefühl von Eingebung. Es war mehr eine Ahnung und ich fühlte mich wie ein Medium, das sprach, als ich ihn fragte: »Sind Sie Maler?« Zögernd und mit eher vorsichtiger Miene antwortete er: »Ja ...« Mein offensichtlich entgeisterter Gesichtsausdruck schien ihn zur Vorsicht zu mahnen.

Dann sagte ich mit zunehmender Überzeugung, dass es nur so sein konnte: »Sie haben meine Tochter Judith gemalt!«, und streckte ihm das kleine Foto entgegen, das ich noch in der Tasche griffbereit hatte.

Noch immer skeptisch schaute er sich das Bild an, und genauso plötzlich schlug seine Mimik in zutiefst berührte Begeisterung um, und mit Tränen in den Augen hauchte er mehr: »Oh, mein Gott! Ich dachte, ich würde nie mehr von ihr hören! – Judith!«, wiederholte er voller Freude.

Ein Moment der Stille entstand. Ich wandte mich zu der Künstlerin um, die die Szenerie beobachtet hatte. Nun fragte sie in langsamen Worten: »Was passiert hier?«

An ihrem Ton und ihrem fragenden Ausdruck auf dem Gesicht konnte ich erkennen, dass die Magie dieser Fügung auch sie ergriffen hatte, etwas unheimlich vielleicht, aber sie schien den Zusammenhang zu erkennen, was ich ihr kurz vorher zu den Engeln gesagt hatte. Nun erlebten wir es in kürzester Zeit real!

Vor meinem inneren Auge sehe ich so etwas wie einen Stadtplan im Computer, wie ihn Agenten bei der Suche oder Verfolgung von Kriminellen nutzen, um deren Position oder Standort ausfindig zu machen. Aus dem Gesamtüberblick können sie gezielt Verfolgung und Personen einsetzen und zusammenführen.

So stelle ich mir den universellen »Plan« vor, wenn die geistigen Helfer uns drei zum Beispiel an diesem Tag in Zeit und Raum zusammenbringen wollen.

Der Maler folgte dem Geschehen nur aus dem Blickwinkel der Freude und seine Fragen überschlugen sich nun. Wie es Judith gehe, was sie mache usw.

Darüber und wie es zu meiner Reise nach Zypern kam, gab ich selbstverständlich ausführlichst Auskunft.

Bald schlug Andreas vor, ihn zwei Stunden später in seinem neuen Atelier zu besuchen, er wollte mir das Gemälde von Judith zeigen. Erst kürzlich war er umgezogen. Nie hätte ich ihn bei der Adresse, die Judith noch von ihm hatte, gefunden! ...

Er hatte es nun eilig, weil er noch einen Termin hatte. Ich rechnete aus, dass ich zum Besuch noch kurz Zeit haben würde, bevor ich wieder pünktlich am Busbahnhof sein musste.

Mit der Engelkünstlerin wechselten wir noch E-Mail-Adressen und herzlichste Umarmungen und trennten uns mit dem euphorischen Gefühl von Verbundenheit und der Magie des Lebens.

Mein Besuch bei Andreas war ebenso einmalig, denn ich hatte Einblick in die privatesten Räume, seine Werke das Schaffen eines großen Meisters.

Mit seiner Handynummer für Judith und den herzlichsten Grüßen für sie verließ ich am frühen Abend die Hauptstadt Zyperns. Ich hatte an diesem Tag wieder ein Meisterwerk unserer geistigen Freunde erleben dürfen.

*

Die größten Highlights bleiben selbstverständlich in meinen bisherigen Reiseerlebnissen der Yosemite Nationalpark mit San Francisco und dem Pazifik und Islands Südküste, bis ich die bisher außergewöhnlichste Reise in diesem Jahr 2012 nach Afrikas Ostküste startete, auf einige winzige Insel zwischen Sansibar und Festland: Chumbe Island, Coral Park. Es sollte die Reise zu mir selbst sein.

Das wusste ich schon Anfang des Jahres, als ich sehr schnell entschlossen alles unternahm, um es in die Tat umsetzen.

So schön viele Ferien auch gewesen waren, meistens störte mich aber der Charakter des Massentourismus, die tägliche Abfertigung und das Hauptaugenmerk auf die Mahlzeiten. Auch die billigen Souvenirboutiquen, überfüllte Strände und das laute Animationsprogramm, um den Urlauber ständig zu unterhalten, waren überhaupt nicht mehr meine Vorstellung von Erholung.

Mehr und mehr brauche ich im Allgemeinen den Rückzug in die Stille, Momente der Ruhe und Entspannung nur für mich, meist auf dem Sofa, aber gerne auch immer wieder in schöner Natur.

Im Urlaub fiel es mir dann leider besonders störend auf, dass ich die wunderbare Natur oft mit respektlosen und lärmenden, unbewussten Menschen teilen musste, und ich sehnte mich nach »meiner Insel«. Irgendwie hatte ich die fixe Idee, dass es das wirklich noch geben muss, den malerischen Traumstrand, den man immer menschenleer in den Reiseprospekten sieht. Dann aber in weiter Ferne zu kosmischen, unerschwinglichen Preisen für den Durchschnittsverdiener.

Nur wo und wann?

Außerdem entpuppen sich auch die Traumstrände in der Hochsaison als voll und das übliche Hoteltreiben mit viel zu viel Essen ist mit im Programm.

Meine veränderte Lebensanschauung brachte mich automatisch zur Wahl besonders ganzheitlich orientierter Urlaubsanbieter, die entweder mit Vollwerternährung und/oder besonderem Augenmerk auf Natur und Erhalt derselben werben.

Anfang Oktober 2012, als es schon ungemütlich kühl hier bei uns in Deutschland wurde, machte ich mich mit größter Freude und zahllosen guten Wünschen von begeisterten Freundinnen und Kolleginnen im Gepäck auf zum kleinen Stück Paradies an der ostafrikanischen Küste. Alles war faszinierend: die Zwischenlandung in Muskat, dem Staate Oman in den Arabischen Emiraten, die Fremdartigkeit der Menschen und Gebräuche, die Hitze in Sansibar und mein erstes Erleben schwarzer Afrikaner!

Ein einfaches kleines Boot setzte mich in 45 Minuten zur Insel Chumbe über. Schon der laue Wind und der kristallklare blaue Indische Ozean waren berauschend! Ich fand sie, die Trauminsel mit dem leeren Strand. Eine Woche lang tauchte ich ein in die absolut zutiefst verbindende Lebensform von Mensch und Natur: fast täglich in den Ozean, um beim Schnorcheln die traumhaft schillernd bunte Welt der Korallen und Fische erleben zu dürfen, und ich fühlte mich dort besonders verbunden mit allem, wenn ich in dieses komplexe Universum hineinblickte, während ich mich regungslos an der Wasseroberfläche treiben lassen konnte, getragen und sanft geschaukelt vom warmen Meer.

Gleich beim ersten Tauchgang befand ich mich mitten in einem Schwarm unzähliger kleiner blauer Fische, die nur ca. einige Zentimeter von mir entfernt vor meinen Augen dahinglitten, um mich neugierig zu betrachten. Mit Ehrfurcht und gleichzeitig überwältigenden Gefühlen der Freude und Demut musste ich erkennen, wie willkommen und absolut bedingungslos ich sofort von den Lebewesen des Wassers akzeptiert wurde, wie liebend die Natur zu uns ist, was man vielen von uns Menschen nicht nachsagen kann!

Ich tauchte ein in extrem erholsames Nichtstun, tiefen erholsamen Schlaf, wie schon lange nicht mehr, erlebte Wind, Sonne, Wasser auf der Haut, weil mich eine Woche lang nur ein Badeanzug und ein leichtes afrikanisches Tuch bekleidete.

Ich lief selbstverständlich nur barfuß im weißen Sand, wobei ich allerorts immer gewahr sein musste, dass ein anderer Bewohner der Insel mitsamt seiner Behausung meinen Weg kreuzen könnte und ich darauftrete: Einsiedlerkrebse in allen Größen!

Vierzehn Besucher dürfen nur insgesamt in den sieben Bungalows auf der Insel wohnen, um das Ökosystem nicht zu belasten.

Die Philosophie dieser Urlaubsform hatte mich so begeistert: Leben in Hütten aus Bambusrohr und Palmblattdächern, mit

Kompost-WC, recyceltem Regenwasser und Solarzellenstrom, »Robinson-Komfort« auf höchstem Niveau.
Der Beitrag des Tourismus wird größtenteils zum Erhalt der einzigartigen Korallenbänke rund um die Insel genutzt. (www.chumbeisland.com)
Selbstverständlich wurden die Gäste mit den köstlichsten Mahlzeiten aus Gemüse, Früchten und Fisch der Region von einheimischen Köchen verwöhnt.

Dinner, allabendlich am Strand, nur bei Kerzenlicht und tiefschwarzem, sternenübersätem Himmel, als Hintergrundmusik der rauschende Ozean und Wind ... das ist göttliche Connection – pur!

Ja, dort konnte ich meinem Namen alle Ehre machen, die »Eva« im Paradies ... Kindheitserinnerungen wurden wach und wieder fühlbar, denn ich hatte es schon immer geliebt, barfuß über die Erde, Steine oder Sand, im Wasser zu laufen.

Täglich plauderte und lachte ich mit den einheimischen Angestellten auf der Insel, und dort sollte ich eine sehr klare Erkenntnis über mich selbst bekommen, sollte ich erkennen, wer ich bin. Mehrere dieser wunderbar freundlichen und bescheidenen, sanften jungen Afrikaner hielten mir im Laufe dieser Woche »den Spiegel vor«, indem sie mir sagten, wie sie mich erlebten.

Sie ehrten mich mit der Beschreibung meiner Persönlichkeit als jemand, der authentisch und inspirierend ist, den geistigen Horizont erweitert und in ihnen den Mut zu Träumen und Visionen neu entfacht hatte!

Sie fanden mich unkompliziert und absolut natürlich. Ich war für sie eine von ihnen und keine Urlauberin. Dieses Feedback war für mich ein unermessliches Geschenk, das tief in meinem Herzen verankert worden ist.

Ich verließ die Insel mit neuen Freunden in Afrika!

− 22 −

Es ist Januar 2013 … »Hurra, wir leben noch!« …
Wir haben das »Ende der Welt« überlebt … Der Zeitenwandel am 21. Dezember läutete lediglich einen neuen, äußerst positiven Bewusstseinswandel in der Menschheit ein, eine neue Ära und ein Lebensverständnis, die zurück zu Verbundenheit und Frieden, achtsamem Gewahrsein und Respekt für unsere wunderschöne Mutter Erde und all ihren Geschöpfen führen sollen.

Das hatten die Maya mit ihrer Berechnung gemeint. Sehr viele Menschen und natürlich Sensationsmacher hatten dies missverstanden.

Die Veränderungen im Bewusstsein und Körper hatte ich selber schon viele Monate zuvor intensivst gespürt. Wahrnehmungen über Intuition und Zeichen unserer geistigen Welt nehme ich noch deutlicher und schneller wahr, als ich es ohnehin schon seit Jahren getan hatte.

Durch den Abschied von Leif hat alles nur noch mal eine weitaus größere Bedeutung angenommen. Das Verständnis und Erkennen, dass die Dinge miteinander verbunden sind und wir darüber hinaus so absolut liebend von himmlischen Freunden begleitet werden, ist Bestandteil meines bereicherten Lebens geworden.

Es ist erst einige Tage her, dass ich erneut ein Zeichen von solch eindeutiger Aussagekraft aus der geistigen Welt erhielt, dass es mit unserem »irdischen« Verstehen nicht erklärbar ist. Ich habe in den letzten, mindestens sieben Jahren so viel persönliche bewusste Entwicklung vollbracht und viele Dinge haben sich sehr stark verändert, privat und beruflich. Eine sehr persönliche Entscheidung steht schon länger bei mir an, die das Loslassen meiner Ehe oder ihr Erhalten bedeuten würde …

Als ich diese Energie deutlich spürte, wollte ich auch besonders auf Traumbotschaften achten. Ich hatte in der darauffolgenden

Nacht einen ausgenommen klaren Traum in seiner Bedeutung: Durch ein hellgrünes, fast durchsichtig scheinendes Wasser, das sich zu drehen beginnt, gleite ich mühelos durch den in der Mitte entstandenen Kanal des Strudels und lande trockenen Fußes in einem leeren, sauberen Raum, die Wände völlig in glänzendem, dunkelblauem Email ausgelegt ...
Für mich bedeutete es: Ich bin durch die Turbulenzen hindurch, alles wird klarer und es wird gut (transparentes und hellgrünes Wasser), es gibt einen Neuanfang (sauberer, leerer Raum).
Die blauen Wände: dazu ein Auszug aus dem wunderbaren Werk von *Andrea Kraus,* »*Lichtkörpersymptome*«*, Bd. II,* »*Dem Chaos folgt Ordnung*«:

»*Hast du alles hinter dich gebracht, bist du vorerst durch und hast deine Blaupause ein Stück weit geerdet. Das bedeutet, die neue göttliche Matrix kann sich nun Zug um Zug in dir ausdehnen.*«

Damit aber nicht genug. Als ich mich aus dem Bett erhoben hatte, mit einem guten Gefühl nach diesem eindringlichen Traum, fiel mein Blick auf etwas Glitzerndes, das sich direkt vor dem Kopfkissen mitten im Bett befand.
Ich nahm es an mich, um zu erkennen, was es ist. Es war einer meiner Ohranhänger, die ich tags zuvor getragen hatte und sie für die Nacht nicht abgenommen hatte. Dessen war ich mich sicher! Normalerweise keine außergewöhnliche Sache, dass man einen Ohrstecker im Bett wiederfindet ... nur dass dieser wieder einmal komplett mit dem Verschluss zusammengesteckt war!
Einen Augenblick nur setzte mein Verstand aus und ich war einfach nur perplex.
Dann aber kam die intuitive Erkenntnis und der innere Satz bildete sich in mir:
»Was zusammengehört, kann man nicht trennen!« ...
Engel standen lächelnd hinter mir, eine Hand auf meiner Schul-

ter, und ich sah auch Leifs Gesicht verschmitzt in dieser inneren Vision lächeln.

Schon ein anderes Mal hatten wir einen zusammengefügten Ohrstecker in einem Bett gefunden ... Judith war es gewesen, kurze Zeit nach Leifs »Tod«, davon hatte ich berichtet. Sein Zeichen, wie nah er uns ist.

Und er wird weiterhin immer wieder Zeichen seiner Liebe und Verbundenheit zu uns geben, weil Liebe die größte Kraft im Universum ist ...

– 23 –

Kapitel 23, eine gute Zahl für das letzte Kapitel dieses Buches einer nie endenden Geschichte, der Geschichte des Lebens.

23 war Leifs Lieblingszahl, weil der weltbeste Basketballspieler aller Zeiten, sein großes Idol Michael Jordan, sie als seine persönliche Trikotnummer beansprucht hatte. Unser aller Leben geht weiter, ist weitergegangen, zutiefst verändert.

Mit größtem Gottvertrauen und Zuversicht glaube ich daran, dass alles einen Sinn hat, im kleinen wie im großen Rahmen, auch wenn vieles oft noch schmerzhaft ist, weil uns der Überblick fehlt.

Unsere Familie lebt weiter mit dem Schicksal, einen geliebten Menschen schon früh verabschiedet zu haben. Jeder hat auf seine Weise getrauert und es mehr oder weniger verarbeitet, wir sind alle daran gewachsen. Das »Beste« aus dieser Erfahrung, wenn man es so bezeichnen kann, ist unsere veränderte Sichtweise auf den Sinn und Zweck unseres Daseins, dass unsere heranwachsenden Kinder die Bereitschaft entwickelt haben, sich als einen Teil von einem Ganzen im Universum zu sehen, das in allem perfekt zusammenwirkt und unser Leben ermöglicht.

Wir konnten durch unsere kleinen »Wunder« mit Leif erfahren, dass wir mehr sind als nur Menschen aus Fleisch und Blut, sondern auch spirituelle Wesen, verbunden über die nicht sichtbaren Energien mit einer allumfassenden, schöpferischen Quelle des Seins.

Diese Quelle ist Licht, reine Energie, alle Informationen sind darin gespeichert und aus esoterischer Sicht erhält sie auch den Namen »Liebe«, die größte Kraft im Universum, die Schöpferkraft, Gott, Allah, Krishna …

Im Laufe der vergangenen Jahre hatte ich begriffen, dass wir wirklich die Schöpfer unserer eigenen Realität sind, wahrhaft in jedem Moment und mit unseren Gedanken erschaffen können.

Ich konnte schon viele Menschen und Freunde mit dieser Wahrheit berühren, sodass sie diese Erfahrung selber gemacht haben.

Mit solchem »Gottvertrauen« und dieser Gewissheit kreierten unsere Kinder ihre kleinen »Wunder«, sind mit diesen Erfahrungen schon zu Persönlichkeiten herangewachsen, die meistens sehr in ihrer eigenen Mitte leben, Freude und Erfolg erleben, mitfühlend und ihrerseits beliebt sind.

Wenn sie sich in schwierigeren Situationen befanden, haben sie sich schon oft bewusster die Frage stellen können: »Was soll ich hier erfahren, warum erschaffe ich mir das?«, anstatt sich nur als Opfer in einer Lage zu erleben, die sie nur als unangenehm oder belastend erfahren.

Ich bin sicher, dass diese Überzeugung vor allem Judith die Kraft erhalten hat, nicht gänzlich in all ihren schwierigen Jahren zu verzweifeln, denn sie hat immer noch die untrüglichen Zeichen der Anwesenheit von liebenden, helfenden Freunden aus der geistigen Welt erkennen können.

Nora ist diejenige, die offensichtlich immer gut mit der Tatsache des verstorbenen Bruders gelebt hat. Bestimmt war und ist sie ohnehin auf das Tiefste mit ihm verbunden. Sie hatte immer herausragende schulische Leistungen und meistert auch seit vier Jahren ein Studium in Medizin, ebenfalls jedes Jahr gekrönt mit Auszeichnungen. Ihre Energie ist so gut wie unerschöpflich, sie hat viele Freunde, liebt das Leben und genießt es auf jede erdenkliche Art und Weise. Ihre Berufung zur Ärztin erkannte sie schon ganz früh und verfolgt dieses Ziel mit solch einer Überzeugung, Freude, mit Enthusiasmus und Erfolg, dass es ein wahres Entzücken auslöst, dies zu beobachten und erleben zu dürfen, wie ein noch junger Mensch schon so genau seinem tiefsten Seelenauftrag folgt.

Wir dürfen den Beweis dieser Tatsache genießen:

Im vergangenen Sommer erst schloss sie sich einer kleinen Gruppe junger Leute an, die in den Ferien für einen Monat in ein kleines Dorf nach Nordindien fuhren, um dort in einem Kinderheim, vor allem an dem Bau eines neuen Wohntraktes, mitzuhelfen. Durch den unermüdlichen Einsatz eines Privatmannes, der diesen kleinen Ort nun schon seit vielen Jahren regelmäßig besucht, hat er ein solches Heim für eine beträchtliche Zahl indischer Kinder geschaffen, deren Eltern zu arm sind, um sie gut zu ernähren und ihnen einen Schulbesuch zu ermöglichen. Diese Reise und Teilnahme an dem Bauprojekt bedeuteten für Nora die Verwirklichung eines Traumes!

Jeden Tag hieß es, ein paar Stunden in der Hitze, bei ca. 40 Grad, mit den Füßen oder simpelsten Maschinen Beton herzustellen, unter einfachsten Bedingungen zu schlafen und zu essen, aber gemeinsam mit den Kindern zu leben. Von vornherein wussten wir, wie vernarrt unsere Tochter in die Kinder sein würde und welch zutiefst menschliche Erfahrung sie machen könne und wie schwer es ihr fallen würde, wieder Abschied zu nehmen.

So war es natürlich, aber Nora kam tausendfach bereichert zurück.

Eine Person, die meistens in ihrer Kraft und Freude ist! So nutzt und erkennt sie auch meistens klar, was sie erschafft und dass ihr liebevolle Hilfe und Führung aus der göttlichen Welt zuteil wird.

Sie erzählte noch vor einigen Tagen eine äußerst glückliche Begebenheit während ihrer Halbsemesterprüfungen, die sie als deutliche Eingebung von Engeln empfunden hatte:

Es stand die letzte mündliche Prüfung am nächsten Tag an und Nora war an diesem Vorabend sehr erschöpft, hatte sie doch wochenlang täglich bis zu zehn Stunden gelernt. Sie sah sich außerstande, noch das gesamte ausstehende Material verschiedenster Fächer durchzulesen, und so entschied sie sich mehr oder weniger intuitiv, wie schon oft auch in anderen Situationen, zwei Themen genauer anzuschauen, mit dem Risiko, in einem anderen Fach geprüft zu werden.

Doch wenn man auf seinem Weg ist und es der beste zu sein

scheint, ebnet die geistige Welt denselben auf grandioseste Weise! Nora wurde in genau diesen beiden Themen geprüft, auf die sie sich noch gut vorbereiten konnte, und schon während dem fachlichen Austausch mit dem Prüfungskomitee konnte Nora erkennen, dass sie eine gute Leistung erbracht hatte.

Auch ein anderes äußerst berührendes Erlebnis wundersamster Art hatte sie zu berichten, das sich während der anstrengenden Stunden des Lernens ereignet hatte. Nora erzählte von ihrem persönlichen Glückskäfer! Während sie am Schreibtisch in ihre Lehrbücher vertieft war, flog ein Marienkäfer heran und setzte sich auf eine Buchseite. Er blieb dort sitzen. Eine ungewöhnliche Sache schon allein, dass es im tiefsten Januar eigentlich keine lebenden Marienkäfer mehr gibt.

Weiterhin erzählte Nora, dass sie auch manchmal auf dem Bett sitzend lernte, um den Nacken ein »Nackenhörnchen« (Kissen) gelegt, zum entspannteren Lesen. Plötzlich hörte sie ein leises Surren und der Marienkäfer landete auf einem Ende des Kissens. Sie habe ihm sogar schon einen Tropfen Wasser auf dem Schreibtisch »serviert«, wovon das winzige Tierchen getrunken habe.

Solche Berichte und der freudige Austausch über die offensichtliche Präsenz unserer spirituellen Helfer begeistern auch meinen Mann und zaubern jedes Mal ein ganz besonderes Glänzen in seine Augen ...

Dann, vor einigen Wochen, trat Leif, nach schon langer Zeit noch einmal ganz besonders nah und präsent, in unsere Ebene, indem Nora ihm im Traum begegnen durfte. Überglücklich und mit Begeisterung erzählte sie uns ihre Begegnung mit dem Bruder, wo er sich auf für uns zunächst befremdliche Weise zeigte. Nora berichtete, dass er im Rollstuhl gegessen habe und auch geistig behindert gewesen sei ... Aber es sei eine so unglaublich große Liebe von ihm ausgegangen; er sei glücklich gewesen, habe sie erkannt und auch mit ihr gesprochen. Nora überhäufte ihn ihrerseits im Traum mit Küssen, so erfreut, ihn nach so langer Zeit nochmals zu sehen.

Im Rahmen der aktuellen Umstände, die zu diesem Zeitpunkt für mich von Unruhe und Sorge geprägt waren, und nach einigem »Hineinhorchen« war die Botschaft des Traumes in ihrer Symbolik eindeutig klar und so beeindruckend in ihrer Aussagekraft.

Nicht nur, dass wir mittlerweile alle davon überzeugt sind, dass diese Art von Träumen eine wahre Begegnung vor allem mit Verstorbenen auf feinstofflicher Ebene ist, auch die wahrhaft geniale Art der geistigen Welt, präzise Botschaften zu überbringen, ist immer wieder überwältigend.

Leif übermittelte in seiner übergroßen Liebe zu uns durch die körperliche und geistige »Beschränktheit«, dass er uns mit der Kraft der Liebe immer nah ist und uns Beistand in schwierigen Zeiten geben will, aber hier in der materiellen Ebene es nicht für uns tun kann, ebenso wenig auf mentaler Ebene.

Nora war in diesem Falle auch wieder einmal der »freie« Katalysator und konnte den Traum genießen, denn sie befand sich in dieser Nacht noch in Skiurlaub mit Studienkameraden und in bester Laune. Ihr Bericht von Leifs »Erscheinen« bescherte mir selbstverständlich erneut einen enormem Energieschub, Trost und größtes Glücksgefühl sowie dem Rest der Familie.

*

Wenn wir um unsere geliebten Verstorbenen weinen und trauern, bringen wir damit zum Ausdruck, wie sehr wir sie lieben und uns ihre physische Anwesenheit fehlt. Wir ehren sie damit, aber trotzdem wird die Zeit kommen, da wir sie ganz »loslassen« können, akzeptieren, dass sie in der Welt ohne körperliche Hülle glücklich sind und uns nah sein können.

Dies wird sie und uns freimachen und wir können uns auf unserer jeweiligen Ebene weiterentwickeln. Wirkliche Liebe lässt frei, lässt los.

Wirkliche Liebe sagt: »Ich will, was du willst!« ...

Und wenn der Zeitpunkt für eine Seele gekommen ist, diese Welt wieder zu verlassen, weil sie es so gewählt hat, sollten wir es erkennen und akzeptieren können – so unerträglich und unakzeptabel es auch scheinen mag.

»*Das Unannehmbare anzunehmen, ist die tiefste Gnadenquelle auf dieser Welt.*«
(Eckhardt Tolle)

So möchte ich hier noch einmal mit Nachdruck alle trauernden Menschen ermutigen, ihr Herz und ihre Sinne zu öffnen für die Wahrnehmung und Erfahrung der Anwesenheit, Hilfe und des liebevollen Beistands sowie der oft subtilen Zeichen ihrer übergroßen Liebe zu uns.

Wenn wir uns dafür öffnen und plötzlich Dinge und Zeichen erkennen, die nur uns gelten und die wir augenblicklich intuitiv verstehen, offenbart sich uns eine völlig neue Dimension, von deren Existenz wir nicht die geringste Ahnung hatten.

Sie erweitert unseren Horizont auf unvorstellbare Weise in allumfassender Weise.

*

Es wird weiter und immer wieder Zeichen und Wunder geben, sei es, dass sie Zeugnis von Leifs Anwesenheit sind, ein liebevoller Wink oder sanfte Führung unserer vielen Helfer, Engel, Krafttiere oder Ahnen.

Zeichen solcher Art sind unaufhörlich für alle von uns erfahrbar, weil es schlichtweg die Realität ist, viele sie aber immer noch nicht wahrnehmen, sei es durch Unwissenheit oder Unglauben oder andere Blockaden.

Im Einfluss des neuen Zeitalters, der Energie des Wassermanns, gehen wir voran in das »Goldene Zeitalter«, das uns so viele Schriften und Medien, die aus der geistigen Welt channeln, ankündigen. Selbstverständlich ist es die Menschheit selber, die durch wachsendes Bewusstsein und Erwachen diesen wunderbaren Prozess hin zu Frieden und wahrer Einheit auf dem gesamten Planeten verwirklichen und vorantreiben kann.

Beginnend mit dem furchtbaren Schicksalsschlag, unseren geliebten Leif so früh verabschieden zu müssen, war es aber mein persönlicher Weg in ein neues Bewusstsein für die allgegenwärtige Quelle des Seins, die alles Leben erschafft und ist.

Familienmitglieder, Angehörige und viele Freunde konnte ich mit meinen Erkenntnissen inspirieren und mitnehmen auf diesen Weg hin zu persönlichem und spirituellem Wachstum. Es veränderte im Laufe der Jahre meine berufliche Laufbahn, meine Lebensweise und die Ernährung.

Meine Zeit als Pädagogin in Kindergärten und Schulen habe ich geliebt und mit vollster Hingabe ausgeübt. Ich kann behaupten, dass ich meinen Traumberuf habe. Kinder und Jugendliche zu fördern und mit ihnen zusammen sein zu können, ist bis heute Quelle meiner Freude und Inspiration. Sie lehren uns »Erwachsene« so unendlich viel ...

Nun bin ich fast am Ende meiner zusätzlichen Ausbildung zur psychologischen Beraterin mit ganzheitlichem Inhalt, was bedeutet, dass eine solche Beratung die intensive Aufarbeitung seelischer Belange und Blockaden des Klienten als Schwerpunkt anbietet. Voller Enthusiasmus und Tatendrang sehe ich einer zutiefst befriedigenden neuen Aufgabe entgegen, wobei mir zwei Bereiche besonders am Herzen liegen werden: die beratende und fördernde Arbeit mit Jugendlichen und das Angebot eines Begegnungskreises für trauernde Familien und deren Angehörige.

Trost und Unterstützung durch Meditationen und das Lesen aus den wunderbaren Büchern, die von der geistigen Welt berichten, sowie das freudvolle Erinnern und der Austausch von Erlebnissen mit unseren Verstorbenen sollen der Inhalt dieser Treffen sein.

In der absoluten Gewissheit, dass all dies von meiner Seele, bevor sie sich zu dieser Inkarnation auf dem Planeten entschied, schließt sich hier ein Kreis der Erkenntnis. Die »Puzzleteile« meines Schicksals und das meiner Familie Stück für Stück ergeben immer deutlicher ein: Es läuft alles sozusagen nach Plan, perfekt für uns alle, die da wachsen wollen auf der seelischen Ebene.

Der freie Wille, wie wir die Dinge annehmen und betrachten und was wir daraus machen, bleibt dabei unangetastet. Aber wir können nie verloren gehen!

In diesem Bewusstsein kann man durchatmen, loslassen, sich einer inneren Entspannung hingeben, in dem Vertrauen, dass wir immer mit der allumfassenden göttlichen Quelle verbunden sind und getragen werden.

Wir sind Ausdruck dieser göttlichen Quelle, auf immer und ewig hinweg durch Zeit und Raum, so auch verbunden mit unseren Lieben, die sich nicht mehr auf unserer irdischen Welt befinden, in einem:

Leben ohne Ende

Die Liebe vergeht nie.

Der Tod ist nichts.
Ich bin nur ins Zimmer nebenan gegangen.
Ich bin ich. Ihr seid ihr.
Was wir einer für den anderen waren, sind wir noch immer.
Lebt weiter, was uns zusammen leben ließ.
Sprecht mit mir, wie ihr es immer gemacht habt.
Betet, lächelt, denkt an mich, betet für mich.
Dass mein Name zu Hause ausgesprochen wird,
wie es immer war, ohne jegliche Übetreibung,
ohne Spur von Schatten.
Das Leben bedeutet, was es immer bedeutet hat.
Der Faden ist nicht gerissen.
Warum wäre ich aus euren Gedanken,
nur weil ich außer Sichtweite bin?
Ich warte auf euch, ich bin nicht weit ...
Nur auf der anderen Seite vom Weg!
Seht ihr, alles geht gut.

(Verfasser unbekannt)

Danksagung

Ich danke der göttlichen Schöpferkraft und geistigen Freunden, die mir den Mut gegeben und erhalten haben, die Geschichte über Leif aufzuschreiben.

Ich danke allen anderen wunderbaren Freunden, meiner Familie und meinen Kindern, die an mich geglaubt und mich zum Schreiben motiviert haben.

Über Nachfragen und Kontaktwunsch von Lesern würde ich mich freuen!

Jederzeit an:
ehelenleif@gmail.com

In Kürze werde ich an die Bearbeitung meiner persönlichen Website mit einem Forum zum Austausch herangehen.

»Namaste! Gott segne Sie!«

Quellenverzeichnis

1: Aus einer Todesanzeige

»Trost aus dem Jenseits«, Bill/Judy Guggenheim
»Gespräche mit Gott«, Bd. 1–3, Neale D. Walsh
»Leben nach dem Tod«, Dr. med. Raymond A. Moody
»Jenseitsbotschaften«, James van Praagh
»Die blaue Insel«, Estelle Stead
»Licht am Ende des Lebens«, Betty J. Eadie
»The Secret«, Rhonda Byrne
»Seelenverträge«, Leila Eleisa Ayach
»Bestellungen beim Universum«, Bärbel Mohr
»Frage und dir wird gegeben«, J. & Esther Hicks
»Lieben, was ist«, Byron Katie
»Gesundheit für Körper und Seele«, Louise L. Hay
»Jetzt – die Kraft der Gegenwart«, Eckart Tolle
»Lichtkörpersymptome«, Bd. II, »Dem Chaos folgt Ordnung«, Andrea Kraus

Weitere Bücher, die mich über die Jahre enorm hinweggetragen und getröstet haben:

»*Augenblicke der Gnade*«, N. D. Walsh,
und viele andere seiner Werke
»*Verwandelt vom Licht*«, Melvin Morse/Paul
»*Wir sind immer für dich da*«, Liza M. Wiemer
»*Geheimes Wissen hinter Wundern*«, Max F. Long
»*Durch einen Spiegel, in einem dunklen Wort*«, Jostein Gaard
»*Die Hütte*«, William Paul Young
»*Das Buch der Geheimnisse*«, Deepak Chopra

Bücher zur persönlichen Weiterentwickelung:

»Gesundheit für Körper und Seele«, Louise L. Hay
»Jetzt – die Kraft der Gegenwart«, Eckart Tolle
»Die Kraft des inneren Friedens«, Diane Cooper
»Begegne deiner Seele«, Diane Cooper
»Traumfänger«, Marlo Morgan
»Das LOL²A-Prinzip«, René Egli

Sehenswerte spirituelle Filme oder mit spiritueller Botschaft:

»Hinter dem Horizont«
»Wie durch ein Wunder«
»Die grüne Meile«
»Gladiator«
»Die Päpstin«
»Indigo«
»Ghost«
»Here after«
»Der Klang des Herzens«
»In meinem Himmel«
»Solange du da bist«
»Das Streben nach Glück«
»Sieben Leben«
»Ziemlich beste Freunde«

und viele andere …